北京文化书系
红色文化丛书

北京红色文化概述

中共北京市委宣传部
中共北京市委党史研究室　组织编写
陈洪玲　刘锋　著

北京出版集团
北京出版社

图书在版编目（CIP）数据

北京红色文化概述 / 中共北京市委宣传部，中共北京市委党史研究室组织编写 ；陈洪玲，刘锋著. — 北京 ：北京出版社，2021.4
（北京文化书系. 红色文化丛书）
ISBN 978-7-200-14278-5

Ⅰ. ①北… Ⅱ. ①中… ②中… ③陈… ④刘… Ⅲ. ①革命史—北京 Ⅳ. ①K291

中国版本图书馆CIP数据核字（2021）第060794号

北京文化书系 红色文化丛书
北京红色文化概述
BEIJING HONGSE WENHUA GAISHU
中共北京市委宣传部
中共北京市委党史研究室 组织编写
陈洪玲 刘 锋 著
*
北京出版集团
北京出版社 出版
（北京北三环中路6号）
邮政编码：100120
网 址：www.bph.com.cn
北京出版集团总发行
新华书店经销
北京建宏印刷有限公司印刷
*
787毫米×1092毫米 16开本 10.75印张 161千字
2021年4月第1版 2024年4月第2次印刷
ISBN 978-7-200-14278-5
定价：55.00元
如有印装质量问题，由本社负责调换
质量监督电话：010-58572393
编辑部电话：010-58572835；发行部电话：010-58572371

“北京文化书系”编委会

“红色文化丛书”编委会

本书作者　陈洪玲　刘　锋

“北京文化书系”
序言

文化是一个国家、一个民族的灵魂。中华民族生生不息绵延发展、饱受挫折又不断浴火重生，都离不开中华文化的有力支撑。北京有着三千多年建城史、八百多年建都史，历史悠久、底蕴深厚，是中华文明源远流长的伟大见证。数千年风雨的洗礼，北京城市依旧辉煌；数千年历史的沉淀，北京文化历久弥新。研究北京文化、挖掘北京文化、传承北京文化、弘扬北京文化，让全市人民对博大精深的中华文化有高度的文化自信，从中华文化宝库中萃取精华、汲取能量，保持对文化理想、文化价值的高度信心，保持对文化生命力、创造力的高度信心，是历史交给我们的光荣职责，是新时代赋予我们的崇高使命。

党的十八大以来，以习近平同志为核心的党中央十分关心北京文化建设。习近平总书记作出重要指示，明确把全国文化中心建设作为首都城市战略定位之一，强调要构建涵盖老城、中心城区、市域和京津冀的历史文化名城保护体系，更加精心保护好世界遗产，加强对“三山五园”、名镇名村、传统村落的保护和发展，加强对文物、优秀近现代建筑、工业遗产、非物质文化遗产的保护，凸显北京历史文化的整体价值，强化“首都风范、古都风韵、时代风貌”的城市特色。习近平总书记的重要论述和重要指示精神，深刻阐明了文化在首都的重要地位和作用，为建设全国文化中心、弘扬中华文化指明了方向。

2017年9月，党中央、国务院正式批复了《北京城市总体规划（2016年—2035年）》。新版北京城市总体规划明确了全国文化中心建设的时间表、路线图。这就是：到2035年成为彰显文化自信与多元包容魅力的世界文化名城；到2050年成为弘扬中华文明和引领时代潮流的世界文脉标志。这既需要修缮保护好故宫、长城、颐和园等享誉中外的名胜古迹，也需要传承利用好四合院、胡同、京腔京韵等具有老北京地域特色的文化遗产，还需要深入挖掘文物、遗迹、设施、景点、语言等背后蕴含的文化价值。

组织编撰“北京文化书系”，是贯彻落实中央关于全国文化中心建设决策部署的重要体现，是对北京文化进行深层次整理和内涵式挖掘的必然要求，恰逢其时、意义重大。在形式上，“北京文化书系”表现为“一个书系、四套丛书”，分别从古都、红色、京味和创新四个不同的角度全方位诠释北京文化这个内核。丛书共计47部。其中，“古都文化丛书”由20部书组成，着重系统梳理北京悠久灿烂的古都文脉，阐释古都文化的深刻内涵，整理皇城坛庙、历史街区等众多物质文化遗产，传承丰富的非物质文化遗产，彰显北京历史文化名城的独特韵味。“红色文化丛书”由12部书组成，主要以标志性的地理、人物、建筑、事件等为载体，提炼红色文化内涵，梳理北京波澜壮阔的革命历史，讲述京华大地的革命故事，阐释本地红色文化的历史内涵和政治意义，发扬无产阶级革命精神。“京味文化丛书”由10部书组成，内容涉及语言、戏剧、礼俗、工艺、节庆、服饰、饮食等百姓生活各个方面，以百姓生活为载体，从百姓日常生活习俗和衣食住行中提炼老北京文化的独特内涵，整理老北京文化的历史记忆，着重系统梳理具有地域特色的风土习俗文化。“创新文化丛书”由5部书组成，内容涉及科技、文化、教育、城市规划建设等领域，着重记述新中国成立以来特别是改革开放以来北京日新月异的社会变化，描写北京新时期科技创新和文化创新成就，塑造北京人民勇于创新、开拓进取的时代风貌。

为加强对“北京文化书系”编撰工作的统筹协调，成立了以“北京文化书系”编委会为领导、四个子丛书编委会具体负责的运行架构。“北京文化书系”编委会由中共北京市委常委、宣传部部长杜飞进同志担任主任，中共北京市委宣传部常务副部长赵卫东同志担任副主任，由相关文化领域权威专家担任顾问，相关单位主要领导担任编委会委员。原中共中央党史研究室副主任李忠杰、北京市社会科学院研究员阎崇年、北京师范大学教授刘铁梁、北京大学文化资源研究中心主任张颐武分别担任“红色文化”“古都文化”“京味文化”“创新文化”丛书编委会主编。

在组织编撰出版过程中，我们始终坚持最高要求、最严标准，突出精品意识，把“非精品不出版”的理念贯穿在作者邀请、书稿创作、编辑出版各个方面各个环节，确保编撰成涵盖全面、内容权威的书系，体现首善标准、首都水准和首都贡献。

我们希望，“北京文化书系”能够为读者展示北京文化的根和魂，温润读者心灵，展现城市魅力，也希望能吸引更多北京文化的研究者、参与者、支持者，为共同推动全国文化中心建设贡献力量。

“北京文化书系”编委会

2019年9月

“红色文化丛书”
序言

北京是千年古都，有着丰厚的文化积淀。1949年伴随着中华人民共和国成立的脚步，北京获得新生。改革开放以来，北京文化得到新的更大发展。党的十八大以后，以习近平同志为核心的党中央进一步明确了北京作为全国政治中心、文化中心、国际交往中心、科技创新中心的战略定位，不仅为整个首都建设，也为北京的文化建设指明了方向、增强了动力。

为了深入挖掘北京文化内涵、推进全国文化中心的建设，中共北京市委决定编纂“北京文化书系”。书系包括“古都文化、红色文化、京味文化、创新文化”4个系列。按照市委要求和市委宣传部部署，由市委党史研究室负责，由我当主编，组织有关部门和单位的专家学者编纂了“红色文化丛书”。这是整个书系的一个重要组成部分。

对本套丛书，首先需要做几点总体上的说明和介绍。

一、北京红色文化的内涵和外延

编纂“红色文化丛书”，首先要界定北京红色文化的内涵和外延，这样才能确定写什么、怎样写。

文化，作为人类改造客观世界和主观世界的活动及其成果的总和，始终伴随着人类的活动而生成、发展，从而不断展现出五彩斑斓的色彩。当代中国文化，源自于中华优秀传统文化，熔铸了中国共产党领导人民在革命、建设、改革中创造的革命文化和社会主义先进文化，到当代，本质上成为中国特色社会主义文化。如果以颜色作为象征，总体上可以说是一种以红色为基调的文化；而中国共产党培育、形成和展现的文化，则是一种比较完全意义上的红色文化。这是广义上的红色文化。

但在本套丛书中，我们对红色文化做了狭义上的界定，即将红色文化限定于主要在1949年前由中国共产党培育、形成和展现的革命文化。这样界定，主要是为了尊重文化自身内容的多样性和复杂性，避免过于宽泛造成内容上的庞杂，也为了更加突出不同时期文化的主要特点。否则，北京红色文化就会像一个硕大无比的筐子，什么都能往里装了。

因此，本套丛书所说的北京红色文化，主要是指1921年中国共产党成立至1949年中华人民共和国成立之间，中国共产党在北京地区领导人民群众为争取民族独立、人民解放而斗争所培育、形成和展现的革命文化。往前，回溯到五四运动前后红色文化的萌发；往后，延伸到新中国成立后到1966年前所创作的反映新民主主义革命的主要作品、建筑，如人民英雄纪念碑等。

无论广义还是狭义，红色文化都是中国共产党“为中国人民谋幸福、为中华民族谋复兴”的初心和使命的重要体现，都是在实现这一初心和使命的历程中培育、形成、发展和完善起来的重要成果。而北京红色文化，则是这一初心和使命在北京区域内的体现和反映。

北京红色文化与中共北京历史有着紧密的联系。北京红色文化，是中国共产党在北京的活动、工作、斗争中培育、形成和展现出来的。因此，写北京红色文化，当然要写中共北京历史。但党史又不能完全等同于文化。所以，本套丛书安排几本书梳理和介绍了北京地区党的组织和活动，展示了党在北京地区英勇和复杂的斗争。但撰写这些历史，不是简单地写历史，而是重在反映这些历史中的文化和精神，努力体现贯串其中的北京红色文化。因此，这些历史与标准的党史著作是有区别的。

二、北京红色文化的特殊地位

北京红色文化不是孤立的地域文化，而是党和国家整个红色文化中一个特殊的重要组成部分。

中国共产党这艘红船，在上海制造，在南湖起航。追根溯源，首先是在北京孕育的。北京地区的党组织，是中国共产党的地方组织，但在某些时期也超出了地方的范围。如李大钊领导的北方区委，曾负责当时北方十几个省、区、市党的工作。北京发生的许多事件，如五四运动、一二·九运动等，都对全国产生了重大影响，起到了引领作用。

特别是1949年1月北平和平解放后，中共中央决定定都北平，随即“进京赶考”，从西柏坡迁驻香山，9月正式入驻中南海。在此期间，党中央、毛泽东运筹帷幄，指挥夺取了中国革命的最后胜利；筹备和召开中国人民政治协商会议，建立了中华人民共和国。北京的历史翻开了新的一页，中国的历史也翻开了新的一页。所以，从1949年初起，北平就实际上发挥了首都的作用。新中国成立之后，北京作为中华人民共和国的首都，围绕大局，服务中央，一直到今天，都发挥着特殊的作用。

所以，北京是地方的北京，但也是全国的北京。北京的红色文化，既具有地域性，也具有全局性。北京的红色文化，在党和国家整体的红色文化中，发挥着一定程度上全局性的作用；对全国的红色文化建设，也在一定程度上发挥着典型、示范和引领的作用。

所以，我们撰写“红色文化丛书”，既坚持立足于北京，又坚持着眼于全党全国，把北京红色文化放在全局中来认识和撰写，不仅充分反映党中央对于北京党组织和北京地区革命斗争的领导，而且反映党中央在北京对于全国革命斗争的领导和指挥。同时，又充分反映北京地区革命斗争的实际，充分反映北京地区革命斗争在全局中发挥的特殊作用，从而正确地反映北京红色文化与党和国家整体红色文化的关系。

三、北京红色文化的形态和表现

文化有物质和非物质两类基本形态。所以，北京红色文化，既包括精神领域的红色文化，也包括物质形态的红色文化。这种物质形态的红色文化，就是指蕴含在这些物质形态之中，以物质形态表现出来的红色精神文化。比如中共中央在香山的办公旧址，表现为物质形态，但包含有丰富的文化内容。所以，我们将北京的红色遗存、红色地标等均纳入了北京红色文化的范围。

物质形态的北京红色文化，主要有3类。

第一类，是红色地标。在本套丛书中，我们提出了“红色地标”的概念。所谓红色地标，就是指北京区域内具有地标性的红色遗址遗迹和纪念建筑。一般来说，每个城市都会有自己的地标性建筑。但很多北京的地标，不仅是北京的地标，而且是全国性的地标。如北大红楼、卢沟桥、天安门广场、国家博物馆、毛主席纪念堂等，它们有些是原先就有的，有的是1949年之后建立起来的。这些地标性建筑，都具有特别重大的意义，甚至从某个角度可以代表中国共产党、代表中华人民共和国。

第二类，是红色遗址遗迹。主要是除红色地标外反映革命斗争历史和精神的大量遗址遗迹。红色地标不少也是遗址遗迹，但因为其特别重要，就单列出来了。除此之外的大量红色遗址遗迹，也蕴含着丰富的红色文化。所以我们也在本套丛书里做了研究、介绍和展示。其中不少已经被列入不同级别的文物保护名录，有的还没有被列入。北京党史部门曾对这些遗址遗迹做过调查，特别是曾按中共中央党史研究室的统一部署，做过一次大规模的全面普查，这次在本套丛书里进一步加以反映。所有这些遗址遗迹，都是北京红色文化的重要载体。

第三类，是可移动红色文物。包括红色文献，如党创办的很多杂志、出版的各种书籍；红色艺术品，如木刻、标语、宣传画、摄影作品等。1949年及之后设计的国旗、国徽也是红色艺术品。它们具有可移动性的物质形态，也是北京红色文化的重要载体。

其实还有一类，兼具物质形态和非物质形态。主要是红色的文学作品、音乐作品、戏剧作品、舞蹈作品、电影作品、民间文艺等。就其内容和表现形式而言，应该属于非物质文化形态，但它们也以一定的物质形态存留于世。其中有的是原生态的历史作品，也有的是1949年后创作的反映1949年前革命斗争的作品。

精神领域的北京红色文化，主要是指在长期革命斗争中表达和反映的思想、理论、路线、政策、主张、观点、口号、精神、规范、要求、价值取向、道德要求等等。它们总体上都可以归入红色文化的范畴。如果直接在北京区域内形成和表现出来的，就是北京红色文化。

这类北京红色文化，也是非常丰富的。本套丛书主要展示和论述了一系列革命精神，用以集中反映北京在精神领域的红色文化，如五四精神、抗战精神等。每一本书都有从不同侧面的展示，在《北京红色文化概述》里又做了集中的分析论述。

四、北京红色文化的作用和价值

文化是一个国家、一个民族的灵魂。文化的发展繁荣与国家民族的命运紧紧联系在一起。北京的文化建设不仅与北京的发展紧紧联系在一起，而且在全国的文化建设和中国特色社会主义的建设中都起着重要的作用。

北京红色文化是北京文化的重要组成部分，同样具有十分重要的作用和价值。

从时间长度上来说，北京红色文化，既在新民主主义革命的过程中具有重要的价值，发挥了重要的作用，又对1949年后的革命、建设、改革具有基础性、延续性、灵魂性的价值和影响，一直发挥并将继续发挥重要的作用。

从空间维度上来说，北京红色文化既对北京地区的革命、建设、改革有着重要的价值，发挥着重要的作用，又因为其居于首都地位，所以对党和国家的全局发挥着重要的作用，对全国的红色文化建设起着引领和示范的作用。

对于历史而言，本套丛书将北京红色文化的作用概括为：传播马列主义，解答中国问题；认知基本国情，选择革命道路；加强政治宣传，动员鼓舞群众；团结进步力量，壮大统一战线；引领革命洪流，助推全国胜利。

对于现实而言，本套丛书将北京红色文化的时代价值概括为：传承红色基因，弘扬社会主义核心价值观；挖掘红色文化，助力全国文化中心建设；厘清历史真相，反击历史虚无主义；开发红色资源，促进地区经济社会发展。

这些提炼和概括，是在《北京红色文化概述》作者和编委会认真研究的基础上形成的，代表了我们整个团队对北京红色文化作用和价值的认识。

五、北京红色文化与其他文化的关系

“北京文化书系”包括“古都文化、红色文化、京味文化、创新文化”4个系列4套丛书。因此，编纂“红色文化丛书”，除了界定北京红色文化的定义和范围之外，还必须厘清和处理好其与古都文化、京味文化、创新文化的关系。

古都文化，是一种传统文化，而且是一种以古都为特点的传统文化。古都文化当然不是红色文化。但是红色文化多少也吸收和传承了古都文化的某些因子。作为京城、古都，北京长期居于国家政治、文化的中心地位。因此，那种天下观念、家国情怀、宽广视野，对于许多革命家在北京出发、许多历史事件在北京发生、中国共产党在北京孕育、新中国在北京诞生，都起了重要的作用。作为中华人民共和国的首都，北京不仅是全国的政治中心，也是全国的文化中心。北京文化是首都文化。长期形成的都市建设理念，对北京红色地标的规划、布局和建设也产生了深刻的影响。所以，北京红色文化在很多方面传承了中国传统文化的精华，也包括古都文化中的某些思想养分。

京味文化，是兼具都城性、生活性和民间性的一种文化。北京红色文化，运用了京味文化的很多形式，如戏剧、书画、礼仪、节庆、服饰、民俗、工艺、饮食等。中国共产党在革命、建设、改革中都利用其从事宣传、动员、教育（如统一战线、党的建设、武装斗争），产生了明显的效果。比如，党中央、毛泽东在到达北平的第一天，就会见了民主党派负责人和其他民主人士，并在颐和园设宴招待和餐叙，这既是饮食，也是礼仪，既是生活，也是政治。北京红色文化，在相当程度上渗入、影响和改造了京味文化。比如，1949年，中国共产党接管北平之后，在忙于一系列重大政治、军事事务的同时，立即着手整理市容、收容乞丐、封闭妓院，从而初步清除了传统京城的糟粕，改造了某些低俗的城市文化。

创新文化，是改革开放以来提出和突出强调的新型文化。作为中国共产党提出和确立的战略要求，创新文化甚至在广义上也是一种红色文化。两者在很多方面有着内在的联系、内在的共性。红色文化应该是一种富于创新的文化，创新文化也包含着红色文化的基因。但同时，我们也懂得，文化是一种庞大的社会历史现象，具有非常明显的多样性和复杂性。其中包含着非常众多的子文化、亚文化，也会有非常众多和不同的色彩。没有必要给所有的文化都贴上一个红色或非红色的标签。所以，北京红色文化与北京创新文化是并行不悖的。两者互相促进、互相交融，共同丰富和发展着北京文化，共同构成全国文化中心建设的重要内容，共同为北京“四个中心”与国际一流的和谐宜居之都建设发挥重要作用。

六、“红色文化丛书”的框架和特点

基于上述观点、分析和考虑，“红色文化丛书”一共包含12本著作，分别是《北京红色文化概述》《北京的红色觉醒》《北平抗战的红色脊梁》《迎接北平的红色黎明》《新中国在这里诞生》《北京红色先驱》《北京学府的红色文化》《北京红色地标》《北京红色遗存》《北京红色文艺》《北京红色出版》《北京红色设计》。

这12本书所写的内容和角度并不完全一样。《北京的红色觉醒》《北平抗战的红色脊梁》《迎接北平的红色黎明》《新中国在这里诞生》，主要按时间顺序，分4段介绍了不同时期党在北京的活动及其形成和发展的红色文化。今年是中华人民共和国成立70周年，这几本书连贯回答了中华人民共和国从何而来的问题。特别是《新中国在这里诞生》，集中介绍了中共中央在香山及到中南海筹划建立中华人民共和国的主要过程，对我们重温中共中央在香山的历史，从中汲取力量和智慧很有帮助。这4本书，均是以北京党史为基础，但又着重从文化的角度切入和贯通。党史叙事是研究和介绍北京红色文化的前提和基础。如果不说明党在北京的活动和工作，就无法说明北京的红色文化。当然，如果简单地重复党史而忽略红色文化的形成和发展，那就是党史而不是红色文化了。

《北京红色先驱》分别介绍了在北京革命斗争中涌现的著名人物和英烈模范。没有以他们为代表的共产党人和志士仁人，北京红色文化就无从产生。这些先驱，既有个体，也有群体，都是北京红色文化的创造者、体现者和代表者。

《北京学府的红色文化》集中介绍和展示了北京大、中、小学校中党的活动及其体现的红色文化。北京是学校特别是高校最集中的地区。北京学府在中共党史和中国革命史上发挥了特殊的作用。以往介绍各个学校的革命斗争史，都是一个一个学校单个研究和介绍的。但这次，我们首先把各个学校打通和整合起来，从整体上介绍北京学府红色文化的形成、发展、内容和特点。这种写法虽然要困难得多，但体现了北京学府红色文化的整体性和统一性。

《北京红色地标》《北京红色遗存》反映的是红色物质文化遗产。它们代表了北京红色文化的一个重要类别，着重介绍了具有地标意义的红色遗址遗迹、重要建筑和纪念设施。不仅介绍了有关这些建筑设施的红色历史，还从建筑学和美学的角度介绍和分析了建筑设计上的特点。突出红色地标，这是红色文化研究的一个创新，也是北京红色文化的一个重要特色。

《北京红色文艺》《北京红色出版》《北京红色设计》分别展示了北京红色文化的几个重要领域和类型。其中的红色出版和红色设计在党史研究中是个创举。迄今的党史著作，都是在叙述党史过程时提到这种或那种杂志、报纸或书籍。但它们的具体情况如何，中国共产党到底出版过哪些报纸、杂志和书籍，均语焉不详。《北京红色出版》首次做了集中研究和介绍。虽然只是北京地区的出版物，但仍然具有开创性的意义。《北京红色设计》更是一种新的探索和突破。它从艺术设计的角度介绍了一批建筑、雕塑、书刊、纪念物品、徽章标识中的红色文化，令人耳目一新，具有很强的知识性。

在这些单项著作的基础上，《北京红色文化概述》一书从整体上概述了北京红色文化的形成和发展、土壤和条件；物质形态的北京红色文化、精神层面的北京红色文化、北京红色文化的本质特点、北京红色文化的传承和发展、北京红色文化的时代价值、通过弘扬北京红色文化推进新时代新北京的建设等。这本书兼具历史概述和理论分析，集中回答了“北京红色文化是什么、有哪些”的基本问题。

所有这12本书，由于内容、角度不同，体例和风格上也有不同。我们一直努力保持体例和风格的统一，但很难完全统一，只能从实际出发，发挥各自的特色。不同角度、不同写法、不同风格，正好可以起到互补和整合的作用。

七、“红色文化”工程的实施和推进

编纂“红色文化丛书”，是北京市委的决定和部署，是贯彻落实习近平总书记对于北京首都建设和文化建设重要指示的重要举措。丛书编委会和所有作者，特别是负责单位市委党史研究室，都不断增强“四个意识”、坚定“四个自信”、做到“两个维护”，从政治和大局的高度对待这项工作，勇于担当负责，积极主动作为，努力完成市委交代的任务。

从接受任务开始，编委会就制订了严密的工作计划，以钉钉子精神抓工作落实，一环紧扣一环、一步紧跟一步，稳步有序地把这项工程推向前进。从设计方案到选择作者，从确定选题到拟订提纲，从写出初稿到反复修改，从多次审议到最后统稿，从专家审核到编辑介入，每一个环节都召开专门会议，提出要求，落实措施，明确要求，规定时间，有布置、有检查、有落实。市委党史研究室从主任到有关人员，全程参与和负责，及时推进工程，及时请示汇报，及时解决问题；为每一本书都确定了联络员，随时沟通联系。各位作者深入研究，认真写作，准时完成了不同阶段的写作和修改任务。编委会成员和有关专家多次审核每一本书，认真把关，提升质量。邵维正将军年事已高，但仍坚持参加了几乎每一次会议，并审稿把关。北京出版集团全程参与，及时配备了责任编辑，提前介入图书的审阅、编辑工作。正由于所有同志的共同努力，才使得这项工程按照市委的要求及时完成。全书形成第二、第三稿后，我们还专门将全套丛书报送给十几位有名望的学者型省部级领导，请他们审阅把关、提出意见。

“红色文化丛书”具有鲜明的政治性。所以，我们首先坚持正确的政治导向，坚持以党的两个历史决议的精神为准绳，在重大历史事实、基本观点和重大结论上，与党中央保持高度一致。同时，确保史实的准确性。尽力运用原始资料，认真核对比较，吸收最新成果，深入挖掘拓展，要求作者最大限度减少错漏和不准确之处。

“红色文化丛书”也具有很强的学术性。市委明确要求打造成精品工程。所以，本套丛书从一开始就把打造精品作为基本标准，一切按精品要求来设计、写作、审核、研究、修改、编辑，不断消除与精品不符的问题。每一本书都大改了3～5次，小改更多。都是希望全方位展示北京红色文化研究的成果，努力为北京人民提供内容丰富、权威准确的北京红色文化读物，也为北京红色文化建设提供一个重要的工作基础。当然，最后完成的书稿与精品工程可能还有一定的差距，这是我们深感遗憾的地方。

“红色文化丛书”也兼顾了读者的需求，力求增加一定的生动性、可读性。根据每本书的内容和任务，我们要求语言文字上形象一点、生动一点。但实现的情况不完全一样，生动性、可读性各有差异。除了语言文字外，每本书还配了适当的照片资料。

我们希望，“红色文化丛书”能够成为向中华人民共和国成立70

周年献上的一份礼物，能够从红色文化的角度清晰展示中国共产党在领导北京地区革命斗争过程中的初心和使命，也为全党和北京市开展“不忘初心、牢记使命”主题教育提供有益的参考读物。

作为主编，我根据这套丛书研究和编纂的实际情况，对上述7个方面作出说明和介绍。希望各方面领导、群众和广大读者看了这些说明和介绍后，能够更加准确地理解北京红色文化，理解这套丛书的内容和特点。

感谢参与这套丛书、以不同方式支持这套丛书的所有人员。

李忠杰

2019年6月7日

目　录

导　语

北京红色文化具有“物态见证完整、历史记录丰富、精神淬炼鲜明、地位重要独特、影响广泛深远”的显著特征。深度挖掘和弘扬北京红色文化，对推动全国文化中心建设具有十分重要的价值和作用。

红色文化鲜明反映了中国共产党革命文化的本质特征，始终服务于党的中心任务，具有彻底的人民性，是中国共产党政治文化体系中一颗璀璨的明珠。红色文化系统展现了马克思主义在中国的传播史、中国共产党的创建史、中华人民共和国的成立史以及社会主义建设道路的初步探索，凝聚着中国共产党人崇高的革命理想和优良传统。北京红色文化伴随着马克思主义这一科学理论，在京华大地的生动实践中不断形成和发展，是新时代弘扬和践行社会主义核心价值观的重要依托。北京红色文化根植于中华优秀传统文化，孕育于中国革命文化，见证了中华民族的英勇不屈与岿然屹立，见证了中国共产党的英明伟大与初心使命，必将继续见证新时代的高歌猛进与砥砺前行。

《北京红色文化概述》一书，主要描写新民主主义革命时期，中国共产党领导人民在北京地区孕育形成发展的革命文化，包括物质和非物质两类基本形态。它们都是北京红色文化的有效载体，都是进行革命传统教育的生动教材。

改革潮正涌，风正好扬帆。习近平总书记指出：“文化是一个国家、一个民族的灵魂。文化兴国运兴，文化强民族强。没有高度的文化自信，没有文化的繁荣兴盛，就没有中华民族伟大复兴。”新时代建设中国特色社会主义先进文化之都，必须凝心聚力做好北京红色文化这篇大文章，开拓好北京红色文化这片沃土，发掘好北京红色文化这笔宝藏，使之在新的长征路上根深叶茂、绽放光华。

第一章

北京红色文化的形成和发展

北京是一座历史文化名城，也是一座具有光荣革命传统的城市。北京作为中华人民共和国的首都，不仅地位独特，而且凝聚着无比丰富厚重的红色文化。十月革命一声炮响，促进了马克思主义在中国的传播。在北京爆发的一系列反帝反封建斗争，铸就了北京红色文化波澜壮阔的发展历程。这一光辉历程包括孕育与萌芽、成长与发展、厚植与丰富、积淀与成熟4个阶段。从新文化运动到北平和平解放，从中国共产党初创到新中国成立，无数的事实表明：北京每一寸土地都浸染着共产党人的汗水和热血，从而汇聚成深厚而壮阔的红色文化。

第一节　孕育与萌芽

1840年鸦片战争后，中国逐步沦为半殖民地半封建社会。在外国资本主义入侵下，古老中国面临空前危机。为了挽救民族危亡、实现文化振兴，中国人民不懈探索。马克思主义传入，中国共产党成立，中国传统文化迎来了新生。北京红色文化正是在这一过程中孕育与萌芽的。

一、新文化运动促进思想启蒙

先进的中国知识分子反思近代以来的屈辱历史，认为“欲图根本之救亡”，必须改造国民性，号召人们“冲决过去历史之网罗，破坏陈腐学说之囹圄”，掀起一场新文化运动。

1915年，陈独秀在上海创办《青年杂志》（1916年9月改名《新青年》），吹响了新文化运动的号角。陈独秀发表《敬告青年》一文，大声疾呼：“国人而欲脱蒙昧时代，羞为浅化之民也，则急起直追，当以科学与人权并重。”[①]他鲜明地提出“人权”和“科学”的理念，树起民主和科学两面大旗。1917年，陈独秀受聘为北京大学文科学长，《新青年》编辑部随其由上海迁到北京。李大钊、胡适、鲁迅、钱玄同、刘半农等都参与编辑和撰稿，和陈独秀一起成为初期新文化运动的主要倡导者和领导人。他们在《新青年》上发表文章，提倡民主、反对独裁专制，提倡科学、反对迷信盲从，提倡新道德、反对旧道德，提倡新文学、反对旧文学，提倡白话文、反对文言文，在中国社会掀起一股思想解放的潮流。

初期新文化运动的基本口号是拥护“德先生”（democracy）和“赛先生”（science），就是提倡民主和科学。当封建主义在社会生活

① 陈独秀：《敬告青年》（1915年9月15日），《青年杂志》第1卷第1号。

陈独秀

李大钊

占据支配地位的时候，“民主”和“科学”的提出，切中当时中国社会和思想界的时弊。初期新文化运动所提倡的民主和科学，追求的是个人的解放，还不是根本的社会改造。

提倡新文化，反对旧文化，要求以白话文代替文言文，是新文化运动的一个重要内容。当时的文坛，陈腐的封建文学占据着统治地位，成为传播新思想的严重障碍。陈独秀在《新青年》发表《文学革命论》一文，正式提出“文学革命”的口号，把提倡民主和科学的反封建斗争与反对文言文和八股文、进行文学革命结合起来，开辟了中国文学的新局面。在创造新文学方面，将文学革命的内容和白话文形式结合得好的首推鲁迅。鲁迅以他特有的“呐喊”为新文化运动助威。

在新文化运动中，《新青年》杂志团结了一批进步知识分子，成为这场运动的主阵地，被誉为“青年界之金针”和“良师益友”[1]。除了《新青年》以外，《每周评论》《国民》《新潮》《少年中国》《建设》《星期评论》《改造》《晨报》《京报》等报刊也积极提倡新文化、

① 《通信》，《新青年》第2卷第5号。

传播新思想。

新文化运动是中国近代历史上一次伟大的思想解放运动，被称为“中国的文艺复兴和启蒙运动”。新文化运动大力宣传民主和科学，是“彻底地反对封建文化的运动”①，打开了遏制新思想涌流的闸门，为五四运动的爆发在思想文化上做了准备，为北京红色文化的孕育提供了温床。

二、五四运动推动红色觉醒

1919年5月4日，由于巴黎和会上中国外交的失败，北京大学等13所学校学生3000余人，在天安门前举行游行示威，提出“废除二十一条”“还我青岛”“保我主权”“拒绝和约签字”等口号。游行示威队伍在东交民巷使馆区西口受阻后，改道奔赵家楼胡同曹汝霖住宅，引发“火烧赵家楼”事件。北洋政府派军警进行镇压，逮捕学生32人。

6月5日，上海2万多名工人举行声援学生的大规模罢工，随后，形成罢工、罢课、罢市的“三罢”高潮，蔓延至全国20多个省区100多个城市。这样，五四运动突破了知识分子的狭小范围，成为由工人阶级、小资产阶级和资产阶级参加的全国范围的群众运动。

在五四运动的影响下，北洋政府被迫做出让步。所有被捕学生获得释放，3个亲日派曹汝霖、章宗祥、陆宗舆的职务被撤销，中国出席巴黎和会的代表也拒绝在和约上签字。五四运动取得了胜利。

爆发于民族危难之际的五四运动，是一场彻底反帝反封建的伟大爱国运动，是一场伟大社会革命运动，是一场伟大思想启蒙运动和新文化运动，鼓舞了中国人民实现民族独立复兴的志向和信心。正如习近平在纪念五四运动100周年大会上指出的那样：“五四运动改变了以往只有觉悟的革命者而缺少觉醒的人民大众的斗争状况，实现了中

① 《毛泽东选集》（第二卷），人民出版社1991年版，第700页。

国人民和中华民族自鸦片战争以来第一次全面觉醒。”①

三、马克思主义传播助推红色文化孕育

19世纪末20世纪初，关于马克思及其思想学说的介绍在中国一些书刊上零星出现。1899年上海广学会出版的《万国公报》以《大同学》为篇名，节译了英国社会学家本杰明·颉德所著《社会进化》一书前4章，首次在中国报刊介绍马克思及其学说。1902年，梁启超在《进化论革命者颉德之学说》中称马克思为“社会主义之泰斗也”。1906年，同盟会会员朱执信在《民报》上发表了《德意志社会革命家小传》一文，介绍了马克思、恩格斯的生平及其学说。

在19世纪末20世纪初，马克思主义是作为西方的一种学说被介绍到中国的，从传播史的角度来说具有肇始意义。但是，这些对马克思主义的译介大多还是零星的、片面的和肤浅的，并没有引起人们足够的重视。

1917年，俄国爆发十月革命，建立苏维埃政权，第一次把社会主义从书本上的学说变成活生生的现实。这给正在黑暗里苦苦探索的中国先进分子展示了一个新的光明前景。李大钊先后发表了《法俄革命之比较观》《庶民的胜利》《Bolshevism的胜利》等文章，热情讴歌十月革命。他称十月革命是“二十世纪中世界革命的先声”，“是赤旗的胜利，是世界劳工阶级的胜利，是二十世纪新潮流的胜利”，并预言“试看将来的环球，必是赤旗的世界”。

1919年，李大钊发表《我的马克思主义观》，从唯物史观、经济学说和社会主义理论3个方面对马克思主义作了比较全面系统的介绍，有力地推动了马克思主义在中国的传播。

1920年3月，李大钊指导邓中夏、高君宇等人在北京大学秘密成

---

① 习近平：《在纪念五四运动100周年大会上的讲话》，《人民日报》2019年5月1日第2版。

立马克斯（马克思）学说研究会。马克斯学说研究会通过翻译《共产党宣言》等原著、定期举行演讲会、学习讨论会等进行马克思主义宣传。李大钊同反马克斯主义的思想进行了坚决斗争。针对胡适发表的《多研究些问题，少谈些“主义”！》，他明确指出：“‘问题’与‘主义’，有不能十分分离的关系。因为一个社会问题的解决，必须靠着社会上多数人共同的运动……应该使这社会上可以共同解决这个那个社会问题的多数人，先有一个共同趋向的理想、主义。”针对梁启超、张东荪等人提出的中国产业落后，工人很少，没有实行社会主义的物质条件和阶级基础，而应当用改良主义的方式来解决中国问题，建立资产阶级共和国的主张，李大钊给予了有力反驳，他发表《中国的社会主义与世界的资本主义》等文章，指出中国人民间接受资本主义的压迫比各国直接受资本主义压迫的劳动阶级更为痛苦，实行资本主义制度解决不了中国问题。这就明确了中国必须采取社会主义的组织来发展实业，为后来中国共产党的建立和党的指导思想的确立奠定了基础。

1920年，张东荪在上海《时事新报》上发表《由内地旅行而得之又一教训》的时评，文章说“我们也可以说有一个主义，就是使中国从来未过人的生活的都得着人的生活，而不是欧美现成的甚么社会主义，甚么国家主义，甚么无政府主义，甚么多数派主义等”①。争论主要围绕中国的出路是资本主义还是社会主义、解决中国社会问题的方法是革命还是改良、中国要不要建立工人阶级的政党等问题而展开。陈独秀、李大钊等撰文予以驳斥。他们认为，中国的问题不是贫乏问题，也不是知识问题，而是制度问题，中国如要振兴实业，非先行社会主义不可。至于实现社会主义的具体方式，社会主义者倾向用阶级斗争的方法来实现。

无政府主义者黄凌霜发表《评〈新潮杂志〉所谓今日世界之新

① 周子东、傅绍昌：《民主革命时期马克思主义在上海的传播(1898—1949)》，上海社会科学院出版社1994年版，第88—89页。

潮》一文，把马克思主义曲解为“集产主义”，把无政府主义说成是共产主义等。陈独秀、李达等对无政府主义谬论进行驳斥，强调要建立强有力的无产阶级专政的国家等。这一系列的论争，初步划清了马克思主义和形形色色的反马克思主义的界限，引导了一批进步知识分子选择走马克思主义道路。

李大钊还较早地提出马克思主义同中国实际相结合的问题。他主张知识分子、进步青年要同工农群众结合，深入工厂、社会，开展劳工运动。在李大钊的推动下，北京的进步知识分子到人力车夫居住区调查劳工生活状况，到长辛店机车厂同工人建立联系。一批先进知识分子，在学习、宣传马克思主义并深入工人群众的过程中逐步地成长起来。

李大钊指导北京大学平民教育讲演团等进步社团，到北京的工厂和农村宣传新思想新文化，足迹遍布卢沟桥、丰台、长辛店、海淀、通县等地，为北京红色文化的孕育与萌芽提供了适宜的环境。

四、党组织的创立推动红色文化萌芽

1920年4月，俄共（布）远东局海参崴分局外国处派出全权代表维经斯基、秘书马迈耶夫及翻译杨明斋来华，了解中国革命情况，负责同中国的革命组织建立联系。他们先到北京，经北京大学俄籍教员柏列维介绍，会见了李大钊。在李大钊等人的安排下，维经斯基一行参加了北京各界组织的一系列欢迎会、讲演会和座谈会，并与刘仁静、邓中夏、张国焘、罗章龙等参加过五四运动的学生进行交谈。

1920年6月，陈独秀、李汉俊、李达等在上海开会商议，决定成立共产党，名称初为“社会共产党”。征求李大钊意见后，8月，定名为“中国共产党”。10月，李大钊、张申府、张国焘3人在北大红楼李大钊办公室正式成立北京共产党小组。中共北京早期组织建立后，派人到北方的许多城市进行组织工作，为在中国建立全国统一的共产党创造了条件。

随着马克思主义的传播，在上海、北京、武汉、长沙、广州、济南等地，以及旅日、旅法的华人中，先后成立了中共早期组织。1921年3月，李大钊著文公开呼吁创建工人阶级政党。他指出：“中国现在既无一个真能表现民众势力的团体，C派（指共产主义）的朋友若能成立一个强固精密的组织，并注意促进其分子之团体的训练，那么中国彻底的大改革，或者有所附托！”[①]

在共产国际代表的建议下，上海的共产党早期组织发起召开党的全国代表大会。收到会议通知后，经过讨论和选举，北京的共产党早期组织决定由张国焘、刘仁静参加在上海召开的党的第一次全国代表大会。

“代表大会定于六月二十日召开，可是来自北京、汉口、广州、长沙、济南和日本的代表，直到七月二十三日才到达上海，于是代表大会开幕了。”[②]在党的一大上，张国焘作《北京共产主义组织的报告》，报告简略叙述北京的政治、经济和社会情况，汇报北京共产党组织开展的活动和计划、在工人中的宣传和组织工作等。会议讨论通过党的纲领，选举陈独秀、张国焘、李达组成党的中央领导机构——中央局，陈独秀当选为中央局书记，张国焘负责组织工作，李达负责宣传工作。

党的第一次全国代表大会宣告了中国共产党正式成立。中国成立了共产党，这是开天辟地的大事变。从此，中国人民有了一个先进的坚强的政党作为凝聚自己力量的领导核心，中国命运有了光明的发展前景。中国共产党的成立，也标志着红色文化开始萌芽。

---

① 《李大钊全集》（第三卷），人民出版社2006年版，第350页。

② 中共中央文献研究室、中央档案馆：《建党以来重要文献选编（1921—1949）》（第1册），中央文献出版社2011年版，第21页。

第二节　成长与发展

伟大的革命实践铸就丰富厚重的红色文化。在中国共产党的领导下，北京（平）人民积极探索革命道路，为北京红色文化的成长、丰富与发展提供了坚实基础。中国共产党成立后，注重发动工人运动，团结国民党左派，领导国民革命在北方不断发展，推动了北京红色文化的丰富与发展。

一、夯实红色文化发展之基

1921年8月，中国共产党在上海成立了领导工人运动的总机关——中国劳动组合书记部，随后又在北京、武汉、长沙、广州、济南设立分部，作为党公开领导工人运动的机关。中国劳动组合书记部的主要活动是对工人进行宣传教育，组织工会，领导工人开展罢工斗争。

1922年1月，香港海员大罢工坚持了56天后取得胜利，增强了工人阶级的斗争勇气和信心。1922年10月，在中国劳动组合书记部北方分部的领导下，开滦煤矿工人举行罢工，工人待遇有所改善。京汉铁路总工会原定于1923年2月1日在郑州举行成立大会，但却遭到军阀阻挠。总工会号召全路工人举行罢工。2月4日，总同盟罢工举行。2月7日，在帝国主义势力的支持下，军阀吴佩孚调动军警血腥镇压罢工工人，发生震惊中外的二七惨案。当天长辛店3000多工人在纠察队的率领下，打着“要求释放被捕工人”的大旗，高呼“还我们的工友”“还我们的自由”等口号，要求释放被捕的工人。手无寸铁的工人毕竟抵挡不住全副武装的军警的野蛮冲杀，在这场斗争中共有52人壮烈牺牲，其中长辛店有7位。

二七惨案发生后，1923年2月27日，中国共产党发表《为吴佩孚惨杀京汉路工告工人阶级与国民书》，号召全国人民和工人阶级团结起来，打倒一切压迫工人的军阀。在中国共产党和中国劳动组合书记部的号召和推动下，全国各地迅速掀起了一场声势浩大的声讨军阀、援助工人的运动。京汉铁路工人的英勇斗争，不仅得到了全国人民的声援，而且也得到了共产国际和赤色职工国际的支援。在中国共产党领导下，以京汉铁路大罢工为代表的一系列有组织的斗争，显示了中国工人阶级的伟大力量，反映了广大工人的坚强斗争意志、高度的组织性纪律性和团结一致的精神，使全国人民进一步认识了帝国主义和封建军阀的反动本性。这表明北京工人阶级为推动革命高潮到来起到了先锋作用，并在艰苦的革命斗争实践中彰显了英雄气概和信仰力量。

二、激发群众投身反帝爱国运动

1922年8月29日至30日，中共中央在杭州西湖召开特别会议，专门讨论以什么形式实现国共合作的问题。在李大钊的耐心说服和疏通下，会议经过讨论，统一了认识，以协商的方式决定在保持共产党政治上、组织上独立性的前提下，同孙中山领导的国民党实行党内合作。西湖会议补充和发展了党的二大关于建立“民主的联合战线”的思想，是确定国共合作方针的转折点。1923年1月，共产国际做出《关于中国共产党与中国国民党关系的决议》，要求中共“在民族革命战线上的一切运动中帮助国民党”。

李大钊根据共产国际的指示精神和建立民主联合战线的实际需要，在党内外做了大量的宣传、组织工作。在筹建国民党北京执行部过程中，以石瑛为首的右派，公开违背国民党一大精神，排斥共产党人和国民党左派进入北方国民党的领导机构。中共北京组织联合国民党左派，拆穿右派的阴谋，使国民党右派的意图落空，保证共产党员、共青团员和国民党左派在国民党北京执行部占大多数的席位。

在与国民党右派的斗争实践中，北京的共产党员、团员和国民党左派大力宣传新三民主义，宣传孙中山与苏联、中国共产党的团结合作精神，宣传打倒帝国主义、打倒军阀的革命纲领，推动废除不平等条约和国民会议运动的开展。

1925年5月，上海爆发五卅运动。消息传来，北京工人积极声援上海工人的斗争。在中共北京组织的领导下，北京各阶层人民掀起轰轰烈烈的反帝爱国运动。首先行动起来的是广大学生和知识分子。来自北京反帝大联盟、马克斯学说研究会、国民党北京执行部和国民外交后援会等团体的数十万人，举行全世界被压迫民族国民大会。会上提出“全世界被压迫民族团结起来”“打倒帝国主义”“打倒军阀”等口号。国民大会后，北京反帝斗争运动进一步深入发展。各界纷纷抵制英、日货，开展为上海罢工工人募捐活动。伟大的五卅运动，揭开了中国第一次大革命高潮的序幕。

在这场具有伟大历史意义的反帝斗争中，中共北京组织领导工农商学各界群众走在反帝斗争的前列，结成广泛的统一战线，采取正确的政治策略，表现出高昂的政治热情，有力推动了国民革命运动深入发展。

三、白色恐怖下的殊死抗争彰显信仰的力量

大革命失败后，国民党当局在全国范围实行白色恐怖。一批共产党员、团员和进步青年被捕。这些被捕的党员、团员和进步青年，在狱中面对敌人的威逼利诱，坚贞不屈，表现出崇高的革命气节。他们在监狱、法庭、刑场上与敌人进行坚贞不屈的斗争，用生命谱写了一首首可歌可泣的壮烈诗篇，彰显了忠于信仰的革命情怀。

在上海四一二反革命事件发生后不久，蒋介石密电张作霖“将所捕党人速行处决，以免后患”。奉系军阀不顾社会各界舆论谴责，仓促对李大钊等多位革命者处以绞刑。李大钊英勇牺牲的噩耗传出，全党为之哀悼。《向导》周报发表悼念文章，称李大钊是“最勇敢的战士”，他的名字将被群众“牢记不忘”。许多受到李大钊教育影响的青年，继承他的遗志，加入到革命的行列。他们踏着烈士的足迹，领导

人民群众继续战斗在古城北京。

在草岚子监狱，共产党员建立秘密的狱中党支部，孔祥桢、殷鉴、薄一波和赵镈等先后任支部书记。狱中党支部通过秘密渠道搜集党的文件和进步报刊，组织党员进行学习，要求党员不投降、不屈服，随时准备从容就义。他们满腔正气，视死如归，在监狱、法庭、刑场，同敌人进行了坚贞不屈的斗争，谱写了可歌可泣的壮烈篇章。

在那个血雨腥风的年代，李大钊等革命先辈大义凛然，视死如归，用鲜血浸染着信仰，用生命守护着信仰，用青春书写着信仰，共同铸就了中国共产党伟大的凝聚力、影响力、组织力和号召力，丰富并升华了北京红色文化的思想意蕴。

在白色恐怖统治下，中共中央北方局、北平市委很多领导成员被捕入狱。面对敌人的威逼利诱，被逮捕的共产党人和先进分子表现出坚定的理想信念、崇高的革命品格和不怕牺牲的民族气节。

1936 年 5 月 5 日，被关押在草岚子监狱的共产党员及爱国人士在练习八段锦

四、左翼文化团体引领革命文化的发展

1927年四一二反革命政变之后，中国革命开始转入低潮。国民党为了实现其独裁统治，在对革命根据地进行军事“围剿”的同时，在国统区进行文化“围剿”，采取各种卑劣手段和恐怖政策，扼杀革命文化[①]。但是，在反革命的文化“围剿”中，北京地区共产党人和先进知识分子挺身而出，在思想理论战线上坚守和捍卫马克思主义的立场。以左联、社联为核心的左翼文化团体，在中国共产党的领导下，团结广大进步文化人士，形成了一支坚强的文化生力军，为引领革命文化并推动北京红色文化的成长、发展发挥“马前卒”的作用。

早在1924年秋，李大钊、赵世炎等北京党组织领导人曾讨论成立一所党校，并向党中央做了汇报。1925年10月，中共中央批准北方区委创办党校，由罗亦农任教务主任。党校对外公开名称是“北京职业补习学校”。开学后，罗亦农讲政治经济学常识、历史唯物主义和世界革命史；赵世炎讲列宁主义、殖民地半殖民地民族解放斗争、共产党在民主革命时期的任务、职工运动和农民运动；陈乔年讲马克思的阶级斗争学说、党的建设和世界革命形势、国际工运；萧子璋讲共青团的任务和学生运动；刘伯庄讲国共合作统一战线问题。北方区委党校的第一期学员经过了3个多月的学习后顺利结业。由于政治环境日趋恶化，党校没能按原计划长期办下去。

土地革命战争时期，北平左翼文化运动冲破文化“围剿”，引领革命文化发展。左翼文化运动是在党的领导下进行的，是中国人民反帝反封建革命战线的一个重要方面。左翼文化团体的存在和活动是与党的政治斗争紧密相连的。这就决定了左翼文化运动随着中国革命的发展而发展，也随着党所处的状况的变化而变化[②]。为适应革命斗争

---

① 譬如，颁布各种审查条例，查禁进步书刊；封闭社团、出版部门，捣毁进步书店和电影阵地；培植御用文人推行法西斯党化教育，对革命文化进行肆意污蔑、攻击、扼杀，逮捕、杀戮革命文化战士。

② 中共北京市委党史研究室、中共天津市委党史资料征集委员会编：《北方左翼文化运动资料汇编》，北京出版社1991年版，第271页。

的需要，自1930年起，北平左翼文化运动开始兴起。在党的领导下，北平左翼文化团体纷纷成立。这些团体有：中国左翼作家联盟北平分盟、中国社会科学家联盟北平分盟、北平普罗画会、北平教育劳动者联盟、中国左翼戏剧家联盟北平分盟、北平世界语同盟、北平左翼音乐家联盟等①。1932年5月，北平文化总联盟成立，统一领导各左翼文化团体的斗争。

在北平党组织的领导下，北平各左翼文化团体积极创作进步文艺作品，歌颂共产党及其领导下的苏区，宣传马克思主义，揭露国民党反动统治的黑暗，鼓舞、教育民众冲破国民党的文化"围剿"，开展抗日救亡。尽管左翼文化团体成员和进步文化遭到国民党当局的疯狂迫害和"围剿"，但北平左翼文化团体成员不避艰险，拿起文艺的武器，始终坚持斗争。

北平左翼文化团体成员通过座谈会或读书报告会等合法、半合法的形式组织起来，坚持以极其秘密的方式，印发传单，书写标语。还有一些左翼团体的盟员写下大量揭露日本帝国主义侵略、抨击国民党政府腐朽、歌颂工农红军英勇奋战的小说、诗歌、杂文和论著，创办了《拓荒者》等左翼文学刊物，积极表达左翼声音，为继续宣传马克思主义和中国共产党的方针政策做出了卓越贡献。

左翼文化运动同广大群众相结合，同抗日斗争相结合，同反对国民党的反动统治相结合，为全民族抗战的兴起做了思想动员和舆论准备，在斗争中锻炼、培养了一批党的理论和文化工作骨干，为北京红色文化的发展提供了浓厚氛围和广阔天地。

---

① 中共北京市委党史研究室、首都博物馆编：《北京人民革命斗争》，北京出版社1990年版，第71页。

第三节　厚植与丰富

在抗日战争中，北平人民英勇不屈，百折不挠，同敌人展开殊死战斗。特别是中国共产党领导的郊区武装斗争和城内地下斗争，在极其艰难的情况下，创造了一个又一个奇迹。北平党组织执行中共中央的正确指示，纠正党内“左”倾冒险主义和关门主义，建立起广泛的抗日民族统一战线。从一二·九运动到卢沟桥抗战，从平郊烽火到隐蔽战线的斗争等，无不凸显了北平人民不畏强暴、血战到底、视死如归、宁死不屈的英雄气概与民族气节，彰显了中国共产党人的红色基因，发扬了中国共产党人不怕牺牲、敢于担当、救国救民的优良传统，进一步厚植、丰富了北京红色文化。

一、抗日救亡中发扬爱国情怀

1931年，日本发动侵略中国的九一八事变。中国进入了局部抗战时期。在民族危机面前，中国共产党及时发出抗日救亡的呼声。北平各大学纷纷发表通电、宣言，抗议日本帝国主义侵占中国领土，表示誓雪国耻的决心。在北平学联的组织下，多个团体的代表及市民20万人，在故宫太和殿前举行北平抗日救国市民大会，强烈抗议日军侵略，呼吁全国人民团结一致、抗日到底。随后，北平各大中学校学生纷纷组织请愿团和示威团，冲破国民党当局的重重禁令，乘火车南下，参加由南京学生发起的“送蒋北上抗日”运动。中共北平市委建立秘密党团，从组织上加强对南下学生的领导。为了民族的生存，学生们顽强地坚持卧轨斗争，得到北平各阶层广大爱国群众的同情和支持，各界舆论一致谴责国民党当局的做法。南下请愿示威运动在总体上只是局限于学生群体，而没能深入工厂、农村，唤起广大民众做运动的后盾。在当局的镇压下，南下请愿示威活动最终失败了，但这一行动揭露了南京政府“不抵抗主义”的卖国政策，宣传了中国共产党的抗日主张，

一二·九运动中游行的爱国学生

唤起了各界民众的爱国热情。在全国抗日反蒋斗争的强大冲击和国民党内部各派反蒋势力的压力下，蒋介石于12月15日被迫宣布下野。

1935年，日本帝国主义扩大对华北①的侵略，积极策划华北地区脱离中国而独立。国民党当局屈从于日本的侵略要求，搞“华北特殊化”，于12月在北平成立“冀察政务委员会”。中华民族面临严重的危机。在严峻情势下，中国共产党提出建立抗日民族统一战线、团结抗日、共同御敌的主张。北平学联的各校学生会、救国会在中共北平市委领导下，广泛团结各校学生，加强师生合作，共同做好抗日救国工作。1935年12月9日凌晨，古城寒冬，朔风凛冽，广大爱国学生的抗日怒火瞬间喷发。新华门前会集了中国大学、北平师范大学、东北大学、民国学院、北平大学法商学院、市立女一中、艺文中学、北平师大女附中等10多所学校的请愿队伍。他们高举旗帜，手持标语，高呼抗日救国口号，提出“反对华北成立防共自治委员会及其类似

---

① 华北当时包括河北、山东、山西、察哈尔、绥远五省，以及北平、天津二市。

组织，保障人民言论、集会、出版自由，停止内战，立即释放被捕学生”等6项要求。然而，爱国学生的要求遭到当局的无情拒绝。愤怒的爱国学生悲愤喊出：“华北之大，已经安放不得一张平静的书桌了！”[①]一二·九运动是“动员全民族抗战的运动，它准备了抗战的思想，准备了抗战的人心，准备了抗战的干部”，“促进了国内和平和对日抗战，使抗日运动成为全国的运动”[②]，震撼了古都北平。

1937年2月6日，在中共中央北方局的领导下，中华民族解放先锋队第一次全国代表大会在北平召开。大会认为，救亡运动的基本任务是争取国内和平与民主政治的实现，而在工作方式上要争取公开合法；要把救亡运动发展到广泛的各阶层中去，特别是工农大众中去；北平学生运动对全国影响重大，也应该加强，要使各阶层群众的救亡运动适当地配合起来；大规模武装抗战已迫近，要加强军事学习，并用各种方式建立民众的武装力量；开展国防文化运动；积极发展民先队。

民先队是中国共产党所创建和领导的先进青年组织，它是在中华民族危亡之际产生的，是一二·九运动的重要成果，是党联系和领导全国青年抗日的纽带，是宣传和团结民众的得力助手，它为党和党领导的人民军队及各革命根据地培养、造就了一大批知识分子干部。

正是在伟大的抗日救亡运动中，无数爱国学生用革命斗争实践书写了青年群体的爱国情操，用鲜血和生命展现了爱国运动的强大力量，凝聚和激励了无数仁人志士投身于抗战。

二、抗日斗争中彰显革命气节

卢沟桥事变后，北平人民誓为29军后盾，全力支援29军抗战。中共北平地下组织遵照中共中央指示精神，一方面做好应急准备，一

---

① 中共北京市委党史资料征集委员会编：《一二九运动》，中共党史资料出版社1987年版，第3页。

② 《毛泽东文集》（第二卷），人民出版社1993年版，第253页。

方面组织北平各界抗敌后援会，发动群众团体开展救亡工作，支援29军抗战。中华民族解放先锋队、北平市学生联合会等抗日救亡团体派代表到卢沟桥前线慰劳抗日将士。长辛店铁路工人自动组成了担架队、侦察小组、支应处。北平郊区的农民也为前线运送粮食、饲料、燃料。特别是长辛店一带的农民，积极帮助军队筑路、送情报、抬伤员、运各种军需物资和食品。北平的黄包车夫来到前线，争着拉伤员进城救治。北平的市民踊跃募捐筹款为前方战士制作慰问袋，送去毛巾、牙刷、牙粉、铅笔、日记本、鞋袜等。有的慰问袋上印有“诸位弟兄，尽忠保国，北平市民，誓为后盾”的大字，表达了与29军共同抗日的决心。北平民众的有力支援，鼓舞激励着29军奋勇抗战。

在郊区，八路军创建了强大的抗日根据地，使敌人的后方变成了抗日的前哨阵地。在城内，中共地下党组织团结和依靠各界人士共同

中华民族解放先锋队的代表，前往医院慰问受伤的 29 军官兵

战斗，不断壮大抗日力量，积极开展抗日活动，使敌人的首脑机关经常处于高度戒备状态，坐卧不宁。北平人民一直战斗在敌人的战略后方和华北统治中心，严重地威胁敌人的后方统治，干扰敌人的指挥中枢，有力支援了华北抗战。

从1941年3月至1942年底，日伪军在华北发动5次“治安强化”运动，运用军事、政治、经济、文化等手段对抗日军民进行“总力战”。平郊抗日军民针锋相对地开展反“扫荡”、反封锁、反“蚕食”斗争，沉重打击日伪军的嚣张气焰。平郊军民同舟共济，因地制宜地开展地道战、麻雀战等，使敌人不得安宁。在党的领导下，在北平人民群众的支持下，平郊根据地的军事斗争和城内地下组织的隐蔽斗争，开展情报工作，开辟党内秘密交通线，支援敌后抗日根据地。

在中国共产党的领导下，平郊抗日根据地军民开展建立政权、减租减息、大生产和整风运动，使根据地不断得到巩固和发展。在平西根据地，整风运动包括精读文件、片断反省、全面反省和思想大检查阶段，其中穿插进行坦白运动。在平北和冀东根据地，共产党员边战斗、边工作、边学习文件、边检查反省思想。此次整风运动，增强了党政、党群、军民和官兵之间的团结，提高了党组织的战斗力，保证了党对根据地各项工作的领导。

在粉碎日伪“治安强化”运动的斗争中，平郊抗日根据地军民做出重大牺牲。白乙化，人称“小白龙”，其领导的10团营以上干部均为大学生，是当时八路军中仅有的“知识分子团”。白乙化率领10团为开辟平北抗日根据地做出重要贡献，并多次击败前来“扫荡”的日伪军，1941年2月在指挥作战时牺牲。包森率领13团为冀东抗日根据地的开辟做出重要贡献，多次创造以少胜多、以弱胜强的战例，并开创了冀东部队整建制歼灭敌军的先例，1942年2月在指挥作战时英勇牺牲。

北平地区共产党人，在抗战的疆场上赴汤蹈火、英勇捐躯，在敌人的屠刀面前坚贞不屈、视死如归，表现出了气壮山河的崇高革命气节和英勇顽强的斗争精神，用热血和生命书写了动人魂魄的英雄史诗。

三、平郊烽火中升华红色基因

卢沟桥事变暴露了日本妄图全面占领中国的野心，激起中国人民与日寇决一死战的决心。1937年卢沟桥、南苑、南口等地抗战彰显了北平人民不畏强暴、血战到底的英雄气概与斗争精神，体现了中国人敢于斗争、勇于担当的内在特质。

一是卢沟桥事变爆发激起全民族与日寇决一死战的昂扬斗志。日本发动全面侵华战争后，中国守军29军奋起抗击，揭开全民族抗战的序幕。卢沟桥事变爆发后的第二天，毛泽东、朱德、彭德怀等红军将领分别致电蒋介石和宋哲元等，要求实行全国总动员，收复失地，坚决抗战，支持29军奋勇抵抗，为保卫平津而战，为保卫华北而战，决不让日寇侵占祖国寸土，并表示，红军将士义愤填膺，准备随时调动，为国效力，与日寇决一死战，彰显了众志成城助推决战决胜的决心和使命。

二是浴血南苑的忠勇气节为后人敬仰。卢沟桥事变后，日军向29军重要基地南苑发起进攻，在日军数千人的猛烈攻击下，南苑的营房很快被炸毁，通讯设备遭到破坏，部队失去联络。面对这种极其不利和十分惨重的战况，南苑守军顽强抵抗日军的侵略。特别是那些刚参加完军事训练的青年学生，虽然是第一次实战，但在强敌面前不畏缩，不胆怯，舍生忘死与敌交战，许多人倒在了血泊中。佟麟阁副军长和赵登禹师长与日军激战时壮烈牺牲。他们的壮烈牺牲，为中华民族伸正气，为祖国山河壮声威。他们的爱国精神，忠勇气节，给后来的抗战军民以鼓舞，为后人所敬仰。

三是南口抗战鼓舞了全国人民的抗战救国斗志。南口位于北平西北，位置非常重要，素称“绥察之前门，平津之后户，华北之咽喉，冀西之心腹”。日军要进犯张家口、归绥、太原，南口是必争之地。中国军队要保卫察哈尔、山西、绥远三省，也必须固守南口。为了抵御日军的侵略，中国方面也做出紧急部署。1937年夏末秋初，在炎热的环境下，南口地区硝烟弥漫，血肉横飞。日军截断了各据点间的联系，封锁了各据点与总指挥部间的一切交通。在18天苦战恶斗的拉锯战中，中国守军上万官兵断臂折股，流血牺牲，上千具血肉之躯，永远倒在南口一带山区。他们舍生忘死的精神，为国捐躯的壮举，永记史册[①]。南口战役是卢沟桥事变后国民党正面战场的第一场大战役。虽然南口战役最终失败了，但在南口血战中，中国广大参战将士，同仇敌忾，他们与侵略者以死相拼的英雄气概，他们的爱国精神、浩然正气，为全国人民树立了榜样。

卢沟桥事变前后，北平郊区分布着各种地方武装。如何争取这些地方武装加入到抗日阵营，是一件十分复杂的事情。其中，改造国民抗日军对开展平郊抗日游击战至关重要。1937年初，流亡在北平的东北抗日义勇军成员赵侗、高鹏、纪亭榭等人，秘密筹划建立抗日武装。卢沟桥事变后，他们一面用张学良和东北救亡总会的捐款购买枪支，一面联络人员。他们奇袭了德胜门外的第二监狱，营救了一大批被关押的共产党员，极大地鼓舞了北平同胞的抗日热忱。城里的爱国学生、知识分子，乡下的贫苦农民，踊跃投奔抗日军。1937年9月5日，抗日军在北平西北郊区三星庄村（现属海淀区）召开全体军人大会，打出了国民抗日军的旗帜，还向全体战士颁发了红、蓝两色的袖标[②]。从此，“红蓝箍”在平郊闻名遐迩。12月，经八路军总部批准，国民抗日军改编为晋察冀军区第5支队，继续战斗在北平地区。

按照中共中央的部署，八路军在平郊首先开辟了平西根据地，然后以平西为基地挺进冀东，在以雾灵山为中心的区域内开展抗日游击战争。为执行党中央的决策，中共中央北方局书记刘少奇提出在冀东发动抗日武装起义，配合全国抗战，为在冀东建立抗日根据地创造条件，并对武装起义做了具体部署。冀热察区党委和挺进军依据当时平西、平北、冀东武装抗日斗争形势，以及党中央对开展华北敌后抗日

① 荣国章、孔宪东、赵晋：《北平人民八年抗战》，中国书店出版社1999年版，第37—45页。

② 关于“红、蓝两色的袖标”，其中红色在上表示战斗，蓝色在下代表祖国河山，意思是用战斗打败侵略者，恢复祖国大好河山。

斗争的总要求，明确提出把“巩固平西、坚持冀东、开辟平北”作为挺进军的战略任务，并把它概括为“三位一体”。平西是华北抗战的重要战略支点，是晋察冀根据地北面的有力屏障，是向冀东、平北发展的前进基地，也是冀热察地区的指挥中心，因此，挺进军的首要任务是“巩固平西”。冀东的坚持也需要平西的巩固和平北的开辟。平西到冀东，冀东来平西，都要经过平北。平北得到开辟，就可成为冀东和平西之间往返的中间转运站、联络站。这些都为北平人民浴血抗战提供了重要的战略依托和实践支撑。

在北平抗战中，天下兴亡、匹夫有责的爱国情怀，视死如归、宁死不屈的民族气节，不畏强暴、血战到底的英雄气概，百折不挠、坚忍不拔的必胜信念得到了淋漓尽致的展现，丰富拓展了北京红色文化的内涵。

第四节 积淀与成熟

抗日战争胜利后，中国人民热切期盼实现和平民主。中国共产党顺应人民的期待，为争取和平民主进行了种种努力。但是，国民党统治集团“要使抗战胜利后的中国仍然回到抗战前的老样子”，即继续维持国民党的一党专政。更严重的是，国民党得到了美国政府的大力支持。中国共产党领导人民为争取国内和平民主，为最后彻底推翻帝国主义、封建主义和官僚资本主义在中国的统治而英勇斗争。在中共北平地下党的领导下，反甄审运动、反美反蒋的爱国民主运动、隐蔽战线斗争、护厂护校留人才等相继开展，为开启北平历史新纪元做出特殊的贡献。特别是中共中央在香山的这段历史，以它的辉煌篇章载入史册。在这一过程中，党的伟大革命精神与红色基因实现深度融合。总之，伴随着人民解放战争的胜利与古都的重生，中国共产党人牢记使命的担当精神，将革命斗争进行到底的气魄，不畏艰难、筑基开元建设新中国的创业精神等，都得到了淋漓尽致的发扬与彰显。在推动北平地区和平解放与快速接管的实践过程中，北京红色文化的内涵日益丰富，并不断地走向成熟。

一、反美反蒋运动彰显革命到底的气魄

蒋介石顽固推行反动的内战政策，并在美国帮助下抢先占领北平。在此形势下，中共北平地下组织注重把公开工作与秘密工作相结合，把政治斗争与经济斗争相结合，把大规模的群众运动与日常工作相结合，成功地领导北平人民开辟了第二条战线。在中共北平地下组织的领导下，以青年学生为主体的反甄审斗争，反伪选斗争，抗暴斗争，反饥饿、反内战运动，反美扶日游行等，此起彼伏，声势浩大。

1945年9月，国民党政府教育部颁布《收复区中等以上学校学生

甄审办法》[1]，此规定遭到国统区广大学生的强烈反对。为了加强对反甄审运动的领导，反甄审党团经向中共北平地下党学委请示，决定在北京大学、师范大学校友联合会的基础上，成立北平市专科以上学校毕业生联合会。反甄审运动历时半年以上，迫使国民党政府放弃对毕业生和在校学生的甄审。斗争的胜利打破了一部分学生和公教人员对国民党的幻想，使他们逐渐醒悟。

1946年12月24日，北平发生美军士兵强奸北京大学女学生的“沈崇事件”。事件发生后，国民党当局极力为犯罪士兵开脱罪责。更为恶劣的是，国民党特务采取嫁祸于人的卑劣手法，造谣诬蔑，说“沈崇事件”是延安方面的“苦肉计”，派女八路来北平“引诱美兵成奸”，以便扩大宣传、“制造血案”。北平各界强烈抗议。北京大学、清华大学、燕京大学、中法大学、辅仁大学、师范学院、朝阳学院、铁道管理学院等校学生和部分中学生近万人，在中共北平地下党学委的领导下，举行游行示威。游行队伍高呼“严惩肇事美军”“美军撤出中国”“维护主权独立”等口号。由“沈崇事件”引发反美抗暴运动是对美国殖民化中国的有力反抗，是民族民主运动新高潮的开始。这是一场有伟大历史意义的群众运动，激发了学生等群体的爱国情怀，传承与发扬敢于斗争、誓死爱国的红色革命精神。

为了揭露和反抗国民党北平当局的暴行，在中共北平地下党学委的领导下，以北平学生团体“抗暴联”为基础，成立了北平市人权保障委员会，向广大同学、进步教授和知名人士进行宣传，争取他们的同情和支持。当时，北平物价飞涨，工人、教职员不能维持生活。学生伙食水准直线下降，贫血和肺结核患者不断增加。再加上抓兵、绝粮、苛捐杂税，百姓叫苦连天，民不聊生。北京大学学生为抗议国民党的内战政策，在民主墙上贴出了“向饥饿宣战，向制造饥饿的人宣战”等标语。1947年5月20日下午，北京大学、清华大学、燕京

① 这个办法规定：“收复区敌伪专科以上学校学生，须经登记甄审合格后，始得予以分发”；“收复区敌伪专科以上学校毕业生，须经登记甄审合格，各机关方得予以录用”；“甄审科目以国文、英文、三民主义为共同必试科目”等。

大学、中法大学、辅仁大学等大专院校学生和女一中、女二中、女三中、育英中学等校学生，以及一部分学校的教授举行了“反饥饿、反内战”大游行，并高呼“反饥饿”“反内战”“反迫害”等口号，推动以学生运动为主体的第二条战线的形成，把反蒋反美的爱国运动推向新的高潮。

二、迎接解放促进红色文化发展繁荣

在和平解放北平的过程中，北平地下党组织指导工人、教师和学生等开展了一场群众性的护厂护校斗争，粉碎国民党南迁学校和工厂的图谋。北平地下党组织按照各单位的实际情况，把公开斗争与秘密斗争很好地结合了起来。有的利用学生会、工会或其他的合法组织开展工作，有的公开成立护厂委员会、职工联谊会，有的亮出“迎接解放委员会”的牌子。不少大中学校则由地下党组织直接出面，组织领导群众，开展护厂护校斗争。在斗争中，地下党组织在全市秘密印发解放军平津前线司令部宣布的《约法八章》、北平军管会《告北平各界同胞书》等大量宣传品，宣传党的政策，号召广大市民维持社会秩序，安心生产和生活，要求公职人员坚守岗位，保护好国家财产和档案资料，等待接管。

在护厂护校斗争中，北平地下党组织认真贯彻华北局城工部的指示，为团结争取广大教授、学者、专家等知识分子留在北平做了大量的工作。在解放战争时期，北平高等学校中的许多教师，包括不少全国知名教授，都同情和支持学生运动，多次发表声援学生爱国民主运动的宣言和声明。他们富有正义感和爱国精神，期待着新中国早日诞生。但也有一些人对美国还抱有幻想，对时局尚在观望。国民党政府迁校不成，就想拉拢一些教授特别是知名教授南下。为了留住人才，各校地下党组织通过进步教授在其他教授中广泛地做思想工作，选派一些学习成绩好、教授熟悉或信任的学生党员，登门访问师长，坦诚地宣传解放战争发展形势和党的政策，尊之以师礼，动之以人情，恳切挽留自己的师长在北平从事新中国的教育文化事业。譬如，中国大学地下党员王祖鉴的长辈与辅仁大学校长陈垣是世交，党组织派王做陈的工作，陈垣在与上级党组织派来的代表面谈后，决心留下不走。

同时，在一些重要的经济管理部门和工厂企业中，北平地下党组织也争取了一批业务主管人员和工程技术人员留下来。北平和平解放时，除极少数人南下外，高等院校及企事业部门的专家、教授、工程技术人员和业务管理人员大都留在北平。北平地下党组织为新中国的建设与繁荣留住了一大批有学识、有专长、有经验的宝贵人才。

北平的解放同以前各大、中城市的解放方式不同，接管的方式也不一样。北平郊区是用战争方式解放的，郊区各县县委、县人民政府随部队进入各县县城，对旧政权实行了军事接管。城外的工矿企业和铁路枢纽，如长辛店铁路工厂、丰台铁路大站及所属工厂及仓库、石景山发电厂、门头沟煤矿等，随着解放军对该地区的军事占领实行军事接管。北平市区是采用和平方式解放的，对城内应接管单位则采取在军事管制下和平接管的方针。1949年1月1日，中国人民解放军北平市军事管制委员会在北平郊区正式公告成立。同日，北平市市长叶剑英、副市长徐冰发布北平市人民政府成立布告。

当中共中央确定和平接管北平的方针后，中共北平市委、市军管会对接管工作做了大量思想、组织准备，又在干部中进行动员和教育，并确定了一些基本原则：一是规定“接”是为了“管”，“接”必须服从“管”；二是要把文件、档案、图表一齐接管，看作和机器一样重要；三是要做到纵的系统接收和横的检查相结合；四是对接收的物资只准看管，不准动用。随着三大战役的捷报频传，1949年1月31日北平和平解放。北平市军管会对城内的接管工作，是采取自上而下的方式分系统进行的。在接管步骤上，对旧政权系统，立即派人接管；对旧政权所有的企业部门、技术部门则先派军事代表去了解情况，责成旧负责人暂时继续工作，不得懈怠，待情况了解后，再派人完整地进行接管。对企业、技术部门采用先派军事代表的办法，保证生产不致中断，使社会秩序和民生不致发生大的紊乱。

对北平的和平接管，一方面促进了北平地区红色遗址遗迹的保护；另一方面，在新北平的建设过程中，为红色文化提供了重要的思想政治基础。同时，北平市人民政府的成立，也为红色文化的延续与发展提供了可靠的政治保障。

三、红色无名英雄传承红色基因

党的情报工作“胜抵十万兵马”。解放战争时期，地下党的情报网络遍布各地，体现了较高的系统化专业化水平，这些情报工作涉及政治、经济、文化以及军事等各个方面。情报战，是没有硝烟的战争。北平地下电台的工作人员全部是共产党员，大部分由解放区派出。除个别人外，他们大多原是北平青年学生，熟悉北平的风土人情，能够适应环境。

中共在北平开展情报工作的主要有三大系统：一个是中共中央华北局城工部系统（简称城工部），主要任务是做党和群众工作；一个是中共中央社会部系统（简称中社部），主要任务是情报工作；再一个是解放军敌工部系统，主要任务是军事情报和策反敌军工作。开展情报工作的三大系统协同工作，众多奋战在中共隐蔽战线的战士，不断地向党中央迅速准确地发出事关中国共产党命运的情报电波。风雨如磐的黑暗中，他们发射出“永不消逝的电波”。

在开展情报工作的过程中，中共北平地方党组织始终相信群众、依靠群众和发动群众，保证了相关工作的有序开展。其中，进行地下秘密交通工作，就必须隐蔽在群众之中，依靠群众做掩护。北平地下党通过傅作义的女儿傅冬菊，掌握了华北“剿总”司令傅作义的一举一动，比如工作状态、情绪变化、日常习惯等等，通过地下电台传回了城工部。北平解放后，聂荣臻称赞道：“在战场上，像这样迅速、准确地了解敌军最高指挥官的动态乃至情绪变化，在战争史上是罕见的。”①

还有一些红色无名英雄，建立地下电台和秘密交通线，对国民党高级将领实施“攻心计”，涌现出一大批像北平五烈士②、黎明前倒下的“地下尖兵”等英雄。

1948年10月19日，国民党在南京雨花台杀害的“北平五烈士”，是中共地下情报工作的优秀代表，他们打入国民党的“心脏”部门，搜集国民党高级将领的部署、决策，掌握国民党军队的装备、调动和联络信号、军用飞机动态以及各路来往信息等大量有价值的情报，积极配合中共中央的各项部署，为北平的和平解放和中国革命的胜利做出了特殊的贡献，用生命诠释了共产党员对党的忠诚和信仰。

其中，谢士炎是由叶剑英批准秘密入党，是中共在国民党高级军事机关的地下情报骨干，受到中共中央嘉奖。丁行潜身敌营20载，多次提供国民党军队在华北战场上的兵力部署，作战计划及其他政治、经济方面的重要情报，并将蒋介石主持召开的涿州军事会议内容完整、及时地送到中国人民解放军总部。石淳为了大众的幸福，将毕生贡献于搜集反动派的情报工作之中。石淳所在的二处是军统情报机关，他通过秘密电台，向中共中央、中央军委联络部提供了不少国民党军队在华北战场的重要情报。朱建国愤于国土沦亡之痛，毅然投笔从戎，后来接受党组织要求打入敌人要害部门的任务，将11战区的作战计划、战斗序列、兵力部署等重要情报，转送地下党组织。赵良璋身居虎穴，不避艰险，机智地为党、为人民革命事业搜集了国民党空军部队的番号、驻地、飞机种类及数量、航空人员素质及人数等重要情报，有助于共产党部队在华北的战斗中取得主动权，对解放华北

① 聂荣臻：《战斗在第二条战线上——缅怀刘仁同志》，《人民日报》1979年1月24日第2版。

② 北平五烈士包括谢士炎、丁行、石淳、朱建国和赵良璋，于1948年10月19日英勇就义。具体来讲，这5位同在保定绥靖公署任职的中共优秀情报人员是：第一处少将作战处处长谢士炎，军法处少将副处长丁行，第二处参谋主任石淳，作战科科长朱建国，北平第二空军司令部参谋赵良璋。

做出了重大贡献。

正是无数无名英雄在红色暗战中发扬革命斗争精神，不怕牺牲，为北平早日和平解放和顺利接管流血牺牲，用生命书写了红色故事，传承了红色基因。

四、荡涤污垢换新颜助推红色文化成熟

北平和平解放后，毛泽东等中共中央领导人抵平，先后进驻香山和中南海。北平旧貌换新颜，迎来新的历史机遇。北京红色文化也迎来了成熟、传承、创新与发展的大好时机。

1948年12月30日，新华社发表毛泽东亲自撰写的新年献词《将革命进行到底》，指出要“用革命的方法，坚决彻底干净全部地消灭一切反动势力，不动摇地坚持打倒帝国主义，打倒封建主义，打倒官僚资本主义，在全国范围内推翻国民党的反动统治，在全国范围内建立无产阶级领导的以工农联盟为主体的人民民主专政的共和国”①。从1949年1月起，中共中央有关部门就开始会同北平市党政军领导，为中共中央迁平做准备。首先是为选定中央首脑机关迁平的驻地做了调查研究并提出初步意见。叶剑英报告中共中央军委秘书长杨尚昆说：“侦察和研究的结果，我们认为地区的选择，以香山为适当。”②香山位于北平西郊西山东麓，距市中心20多公里。为了给中央首脑机关工作提供方便条件，北平市委做了细致的工作，做好了迎接中共中央和人民解放军总部到来的准备。3月25日下午，在西苑机场举行了欢迎仪式和阅兵式。北平市的工人、农民、青年、教授、艺术家等各界人士和党政机关干部代表，怀着兴奋喜悦的心情，纷纷打着红旗，从不同地点向西苑机场集中，欢迎中共中央、人民解放军总部和人民领袖进入北平。从这一天起，毛泽东住进香山双清别墅，朱德、刘少

---

① 《毛泽东选集》(第四卷)，人民出版社1991年版，第1375页。

② 中共北京市海淀区委党史研究室编：《中共中央在香山》，中共党史出版社1993年版，第2页。

奇、周恩来、任弼时住在来青轩。

香山是“我们党领导解放战争走向全国胜利、新民主主义革命取得伟大胜利的总指挥部，是中国革命重心从农村转向城市的重要标志”[①]。在这里，毛泽东、朱德发布了《向全国进军的命令》，指挥百万雄师过大江，解放了国民党统治中心南京和全国最大的城市上海。在这里，最后绘就筹建新中国的蓝图。为共和国奠基的香山，在中国革命胜利史、共和国建国史上均留下灿烂的一页，铸就了伟大的奋斗精神、担当精神、创业精神，值得我们永远铭记。

为了争取各界人士的支持，整合解放和建设新中国的力量，毛泽东在香山分别邀见黄炎培、刘仲容、傅作义、邓宝珊、李济深、沈钧儒、马叙伦、蔡廷锴、陈其尤、郭沫若、张治中、邵力子、章士钊、黄绍竑、刘斐、李蒸、卢郁文、柳亚子、李达、陈嘉庚、张澜等，共商国是。

1949年9月30日下午6时，毛泽东率领全体政协代表和首都各界群众代表3000余人，在天安门广场举行人民英雄纪念碑奠基典礼。10月1日下午2时，中华人民共和国中央人民政府委员会在中南海勤政殿大厅举行了第一次全体会议，宣布中华人民共和国中央人民政府成立，接受《中国人民政治协商会议共同纲领》为中央人民政府的施政方针。

新中国的诞生，“标志着中国新民主主义革命已经取得伟大胜利，标志着中国人民受奴役受压迫的半殖民地半封建时代已经过去，中国已成为一个新民主主义国家。中国历史从此进入一个人民群众当家作主的新时代，中华民族的发展从此开启了新的历史纪元”[②]。北京从昔日封建京城变成人民的新首都。开国大典，揭开了中华人民共和国的新篇章，开拓了北京发展的锦绣前程。新中国是红色共和国，红色共和国是红色革命的硕果。这个“红色”，是无数革命先烈用热血染成

① 习近平在视察北京香山革命纪念地时强调不忘初心牢记使命锐意进取满怀信心继续把新中国巩固好发展好，《人民日报》，2019年9月13日第1版。

② 中共中央党史研究室：《中国共产党历史》（第一卷）（1921—1949）（下册），中共党史出版社2002年版，第814页。

1950年春，北京市政府组织治理南城有名的臭水沟——龙须沟（郑小箴 摄，新华社 提供）

的，已经植根华夏神州的每一寸土地，融入中国共产党人的基因，成为新中国的底色。正如习近平指出的："共和国是红色的，不能淡化这个颜色。无数的先烈鲜血染红了我们的旗帜，我们不建设好他们所盼望向往、为之奋斗、为之牺牲的共和国，是绝对不行的。"①

新中国成立后，古都旧貌换新颜。共产党人艰苦创业，励精图治，安定社会秩序；整顿市容市貌，恢复发展生产；整顿市场，平抑物价；民主建政，开启了建设新北京的历史征程。短短数月间，北平新生的人民政权以极大的魄力迅速地荡涤了旧社会遗留下来的一切错误思想观念和陈旧体制机制，开始为建设一个全新的、真正属于人民自己的、经济政治文化繁荣发展的新北京而努力。

① 《习近平总书记看望文艺界社科界委员的微镜头》，《人民日报》2019年3月5日第1版。

第二章

北京红色文化形成发展的土壤和条件

古都北京，历史悠久、文化灿烂、思想活跃，为红色文化的形成和发展提供了得天独厚的条件。鸦片战争以后，在百余年的屈辱与抗争过程中，北京人民深受耻辱，救国救民的愿望强烈。特别是十月革命后，马克思主义在中国广泛传播并成为中国共产党的指导思想，直接为北京红色文化的发展提供了文化基因和思想基石。在中国共产党奋斗引领传承中，北京红色文化得到了发展与创新。

第一节　悠久历史的古都

北京是历史悠久的文化名城，有着3000多年的建城史和800多年的建都史。北京具有文化繁荣、人才聚集、思想活跃、政治敏感度高等特点，为红色文化率先在北京孕育、萌芽提供了肥沃的土壤，也为红色文化的成长和发展提供了得天独厚的条件。

一、全国政治与文化中心日趋确立

北京作为历史悠久的文化名城，独具特色。作为古都，北京是中国几百年封建统治的政治中心。其中，辽朝统治燕京长达180多年。在这段时间里，燕京是辽朝五京中经济、文化最发达的城市，也是唯一能与北宋都城汴梁（今开封）相媲美的重要城市。在辽宋以后，中国的政治中心逐渐北移，这与中国南北经济发展状况存在很大差异有关。中原经济以农耕为主，长城以北则以游牧为主。南北经济发展状况的差异导致社会生活、政治倾向、习俗、心态的差异。政治中心的北移，标志着国家的空前统一和壮大，也是适应大一统新形势发展的结果。

金朝在定都中都后，鼓励人口大量迁入，推动了民族融合。在中都建立前，北京地区就已集聚了大批从南方北迁的文士、工匠、艺人等，这些人在文化传播的过程中发挥了重要作用，推动了地区文化的进步。此外，北京地区的都城文化得以进一步发展，皇家宫廷文化的发展脉络日渐明晰，形成了京师文化的雏形。

当蒙古人建立的元朝在这里定都后，北京逐渐成为全国的政治、经济和文化中心。元大都建成后，通过开挖南北大运河及发展海上航运，把大都这个政治中心与江南经济中心连接起来，很好地满足了大都地区民众的生活需求。

随着明代政治局势的变化，“北平府”这一称谓逐渐被“北京城”所取代。明朝迁都北京后，北京的商业、集市和行铺都得到了发展。伴随着政治中心的北移，有大批移民迁到北京生产生活。在明朝，北京经济社会发展过程中，还出现了江南文化传入北京的盛景。

满族的兴起揭开了清代北京史的演化历程。从努尔哈赤起兵到大清国建立，满族共同体在形成过程中，创造了它的基本制度和文化[①]。有清一代，北京发挥着全国政治中心的作用，为推进各个民族的融合和经济发展做出了杰出贡献。为了扩大其政权的统治基础，赢得全国统一，清朝加紧联合汉族封建统治阶级。出于政治需要，清朝大力组织人员翻译汉文典籍、编撰史书。同时，清朝进一步加强了对漠南蒙古的管辖，继续在漠南蒙古实施“盟旗”的建制。正因为实施了这些政策，促使京师不仅成为政治中心，还成为文化融汇的中心。在清代，北京成为古籍整理、文献编纂的中心，全国最大的图书集散地和文化市场所在地。这些都为北京红色文化的成长和发展提供了重要的学术积淀和思想源泉。

二、民族融合与文化交流逐渐扩大

在民族融合的过程中，唐幽州文化的影响、佛教文化的影响、契丹族文化的影响均发挥了重要的作用。北京地区作为中原农耕文化与少数民族游牧文化的过渡地带，随着都城地位的确立，获得了更加突出的区域文化交流中心的地位，从而为不同民族间的文化融合与发展注入了新的动力与要素。

金中都建立后，为了巩固统治，迁入大批女真族人，这些女真族人学习汉族先进文化和习俗，汉语逐渐成为生活在中都的女真族人的通用语言。

元大都的南城社区多少遗存着一些金中都的文化基调、文化韵味，其人口的主体是汉人，文化上的总体趋向是汉文化与游牧文化逐

① 吴建雍：《北京通史》（第七卷），中国书店出版社1994年版，第10页。

渐融合。北城社区的文化基调、文化韵味受到多元文化的影响，“西域”色彩十分浓重，故北城以汉、蒙等为主体的文化更呈现出多元性。大都南北两城中文化的总基调可以说是由于国家统一，实现了南北文化大融合；元代疆域辽阔，东西方文化实现了大交流[①]。以元杂剧为代表的大都市井文化逐渐形成。

回顾北京的发展历史，盛唐结束后，中原以汉族为主体的封建政权逐渐衰落，北方少数民族乘机南下，逐鹿中原，南北民族大交往、大融合进入了一个新的阶段。这一阶段，北京作为都城以少数民族的统治为重要特征。到了明朝，重新建立了以汉族为主体的封建政权，后来迁都到北京，南北文化在京师实现了深度的交流融合，这是中华各民族历史交往的必然结果。明代北京见证了汉族上千年历史文化思想的传承与延续，见证了北方各少数民族的发展与成熟。此后，清朝继续在此建都，且宫苑、街市、城垣、衙署等因袭明制，在城市管理、经济供应、文化建设等方面，也大多继承了明代北京的经验和规制。通过铸造中华民族的共同心理、共同情感，北京的凝聚力不断增强。

三、人才聚集与思想活跃的优势凸显

自辽南京建立以来，北京地区进入了文化发展的迅猛期，无论文学、艺术，还是建筑、绘画，诸多方面都有了显著成就。随着科举制度的推行与各层级教育体系的建立和完备，燕京地区逐渐发展成为辽朝的教育中心。辽兴之后，伴随着行政建置的完善，作为辽朝文化中心的燕京渐渐发展成为科举中心、教育中心，由此进一步促进了本地区文化的发展。辽朝统治者对儒学十分重视，推动了儒学在辽朝的快速发展。作为政治统治的有力支持力量，宗教作用的

① 方彪：《试论北京文化的嬗变与社区文化的形成发展》，《北京联合大学学报》2000年第1期。

发挥得到了辽政权的高度重视，以此加强统治的稳固性。随着燕京地区科举和教育的发展，燕京地区的书肆业随之兴起。燕京许多刻印作坊都设有书肆，前店后厂，既是图书印刷地点，又是发行店铺。

在金中都，无论是经学、史学、文学，还是绘画、音乐等，都达到了一定水平。随着大量汉族文学作品传入，越来越多的女真人更加深入了解了汉文化。此外，为适应统治需要，金中都中央官学得到了进一步发展。金中都设有金朝最高教育管理机构——国子监。国子监下设国子学、太学、女真国子学以及女真太学。为笼络汉族士人，还刊印了大量汉人史书，包括《后汉书》《三国志》等。除国子学外，金中都设立的太学不但生员众多，且藏书丰富。海陵王迁都燕京之后，金中都逐渐成为北方地区的文化中心。其中，宫廷文化是最核心的新因素。此外，宗教也得以进一步发展，其中尤以佛教为盛。这些频繁而有深度的文化活动加速了北京文化中心的确立。

元朝的建立，进一步促进了科学技术与中外文化的交流、宗教的兴盛等。以北京古旧书业的兴起为例，蒙古族取得统治地位后，北京的古旧书肆逐渐扩大规模，初步形成一个完整的行业。古旧书肆除了大量刻卖正史、正经之外，还迎合科举需要，大批刻印纂图互注的经书、子书、韵书等，并形成了具有一定规模和固定场所的书籍市场。可以说，元大都文化具有集大成性，聚南北、蒙汉、中外文化于一城。由于城市基调受到多元文化的影响，对于固有传统来说无疑是一种“开放”，特别是元杂剧在大都一展风采，为古都文化增添了浓郁色彩。这些都为北京红色文化的成长提供了历史积淀。

明朝，北京的文化教育机构包括国子监、顺天府学、武学、贡院、太医院、钦天院、四译馆和书肆等，出现了王守仁、李贽等学术思想大家，编纂了《永乐大典》，科举制度、翰林院和经筵等都得到了发展。而且，此时的古旧书行业围绕着中央政权的重大政治、文化活动而经营，相关品种、数量和版本等集全国之精华，居各地首位，成为全国图书贸易的中心。文化的繁荣、发展和进步，为后期北京红色文化的孕育和形成提供了丰富的思想文化基因和历史土壤。

在思想文化领域，清代的北京是学术探讨、交流的中心。自古以来，都城便是天下名流游学的中心。清代京师，名士济济。譬如，顺治十六年（1659年）被誉为“清学开山”之一的顾炎武，漫游南北途中，来到北京昌平，拜谒明十三陵。在北京期间，他用两头骡子驮着书，走遍郊区各处，实地考察史迹故实，最后将所见所闻写成《昌平山水记》和《京东考古录》两书。再如，北京的文学艺术以及市民文化在清代有了很大的发展。产生于清代初期的长篇小说《红楼梦》，成为中国文学史上划时代的伟大作品。清代京师也是京剧的故乡，一大批戏曲大师齐聚京师。同时，古旧书行业与历代文人学生联系密切，逐渐造就了一批具有较高水平的文化商人①。此外，清代的《四库全书》等编纂活动是凭借中央政府的权力而推行的文化活动，调集各地2000多名文人学士到京开“四库馆”，广征天下藏书。各地书商借机涌进京城，设店开铺，图书交易十分兴隆。正因如此，琉璃厂文化街逐渐成为了北京的重要文化区域，为传承和挖掘祖国的文化遗产做出了贡献。

四、对外文化交流思想高地日益形成

幽燕之地向为南北文化交流的桥梁。辽朝把幽州升为陪都，使它的文化职能大大加强。辽朝早期，幽燕地区是契丹人吸收中原文化的重要基地，到辽朝中后期，燕京变成为两朝进行文化交流的主要城

① 近百年来，北京古旧书行业不断涌现出一批专家式的文化商人，像古书业中文禄堂的王晋卿、通学斋的孙殿起、来薰阁的陈济川、藻玉堂的王雨、富晋书社的王富晋以及旧书行业中春明书店的孙琴堂、文光书店的马玉山、五洲书局的李东洲等，都是北京古旧书业的业务权威。他们当中的一些人不仅业务水平和专业技能精湛，而且在版本目录学方面有很高的造诣，并著书立说，出版过一批具有较高学术水平的专著，为学术研究做出了贡献。这些人对北京文化的交流和传播起到了很大的推动作用。洞侬、沈望舒：《北京古旧书业与北京文化发展》，《北京历史与现实研究学术研讨会论文集》，北京燕山出版社1989年版，第334页。

市[1]。幽燕地区是一个善于吸收和对外传播各种文化的地带。从辽宋文化交流的方式来看，早期多通过特殊的形式——战争。到了辽朝的中后期，燕京传导文化的方式主要是通过聘使往来和边界官员的相互交往。辽朝的燕京不仅是宋使往来的中心，而且是高丽和西域各国使臣和商人经常活动的地方，这使燕京文化交流的内容和辐射范围扩大了。从辽陪都到金中都，随着教育、文化、学术的繁荣发展，不同国家的使节往来愈加频繁，对外文化交流也呈现繁荣景象。

特别是元大都建立之后，元朝政府向远隔重洋的海外强国频繁派出使节。而与元朝政府有着各种关系的世界各国，也多次向大都派遣使节，相互进行交往与交涉，大都遂成为元朝乃至整个亚洲的重要外交中心。到元大都的使节主要有3种："元朝政府册封到边远重地的诸王的使节，并非元朝本土的西北诸汗国的使节，元朝周边及有关联的外国的使节。"[2]譬如，当时高丽和安南等国，多次派遣精通汉族文学的学者前来大都，与这里的文人学者进行友好交往，用诗歌相互唱和，一时传为佳话[3]。

到了明代，在"西学东渐"的先行者——利玛窦的努力下，西方文化开始传入北京。利玛窦首输西洋天文学，同时，他输入西洋数学、地理学等，并首创用拉丁字母注汉字语音，为中西文化交流搭建了桥梁。除此之外，西方的物理学和枪炮技术也逐渐输入中国。在这方面，意大利的来华传教士熊三拔、德国来华传教士汤若望等人做出了重要贡献。

明末清初，欧洲耶稣教会的进京传教士络绎不绝。他们在传教的同时，也带来西方的自然科学，引起封建统治者和士大夫的关注。除南怀仁（比利时人）外，康熙皇帝先后聘用徐日昇（葡萄牙人）、张诚（法国人）、安多（比利时人）等进宫讲学，具体涉及数学、天文学、地理学、药理学、解剖学、拉丁文、西方哲学、音乐理论、绘画

① 王玲：《北京通史》（第三卷），中国书店出版社1994年版，第317页。

② 王岗：《北京通史》（第五卷），中国书店出版社1994年版，第319页。

③ 王岗：《北京通史》（第五卷），中国书店出版社1994年版，第327页。

等[①]。到了乾隆年间，清廷对于“会技艺”的传教士十分重视，特别注重发挥他们的一技之长，着力推动京师文化、科学事业的繁荣发展。京师观象台的很多观测仪器，都是由中西学者合作主持制造的。此外，一些西方艺术家、数学家，对京师欧式建筑的设计和施工做出了一定贡献。

总之，从辽金元到明、清，北京日益成为中外文化交流的重要窗口，思想活跃，人才聚集，学术氛围浓厚，为北京红色文化的成长提供了肥沃土壤。

① 吴建雍：《北京通史》（第七卷），中国书店出版社1994年版，第422页。

第二节 百年屈辱与抗争探索

鸦片战争以后，中国逐渐沦为半殖民地半封建社会。在深重的民族危机中，为争取民族独立、人民解放和实现国家富强、人民富裕，北京的仁人志士做出了艰苦卓绝的探索。他们抛头颅洒热血，彰显了誓死爱国的情怀与为民奉献的担当，谱写了可歌可泣的抗争历史以及保家卫国的辉煌篇章。

一、由封建帝王之都向半封建统治中心的蜕变

乾隆皇帝以后，清王朝由盛转衰，国内社会矛盾非常尖锐，呈现着“日之将夕，悲风骤至”的末世景象。道光时期，内忧外患愈加严重，清朝的统治岌岌可危。特别是19世纪30年代，鸦片走私日趋猖獗，流毒全国，严重地浸染着北京这一清朝的心脏。鸦片成为北京的一大祸害，并逐渐演变成社会动荡的起因。随后，鸦片战争失败，暴露了清朝的软弱、无能、昏庸和腐朽。伴随着西方资本主义势力的不断侵入，使本来就无法消除的社会固有矛盾日益加剧。

在此背景下，太平天国运动的领导者洪秀全派林凤祥、李开芳率领两万多太平军进军北京，虽然最终失败，但对当时昏庸无能的清政府产生了不小冲击。

在第二次鸦片战争中，英法联军对华北地区发动了大规模武装侵略。北京通州议和破裂，在张家湾和八里桥，英勇的中国士兵与入侵的英法联军进行了殊死搏斗，但最终敌强我弱，以败退告终。北京被英法联军攻陷，清政府被迫签订《北京条约》，这是中国历史上非常惨痛的一页。

圆明园遗址

19世纪末，当义和团运动[1]在山东、直隶两省交界处初兴之时，北京地区也出现了义和团活动的踪迹。义和团进占涿州，形成威逼京师的态势，引起了西方列强和清朝统治者的恐慌。北京地区的义和团焚烧京城教堂洋房，阻击了进军北京的八国联军的先头部队，但这些行动很快就被控制利用。不久后，八国联军侵占北京城，遭到了北京人民的激烈反抗。英勇无畏的义和团和北京人民继续用战斗回击侵略者的暴行。

1900年8月16日北京沦陷，被八国联军分区占领。多国强迫清政府签订《辛丑条约》，中国完全沦为半殖民地半封建社会。为改变这一屈辱的地位，北京人民在救国救民的道路上艰辛探索，正是在这一过程中，伟大的革命斗争精神和厚重的北京红色文化开始慢慢地生根。

---

① 义和团运动兴起于19世纪和20世纪交替之际。这一运动以贫苦农民为主体，自发地形成了中国人民大规模的反对帝国主义的爱国运动。矛头直指帝国主义侵华工具之一的外国教会势力，迅速地席卷了整个中国北部。北京是其活动的中心地区之一。魏开肇、赵蕙蓉：《北京通史》（第八卷），中国书店出版社1994年版，第188页。

二、北京（平）人民救国救民的伟大实践探索

为解除清政府的统治危机，封建统治阶级中的部分成员如奕䜣、曾国藩、李鸿章、左宗棠、张之洞等，主张引进、仿造西方的武器装备和学习西方的科学技术，创设近代企业，兴办洋务。在北京地区，建立新式海陆军，军队纷纷改用洋枪、洋炮，聘用外国教官。同时，在北京创办新式学堂，派遣留学生。洋务派创办的新式学堂有翻译学堂，如京师同文馆，主要培养翻译人才；还有工艺学堂，培养电报、铁路、矿务、西医等专门人才。

在内忧外患的冲击和中西文化的碰撞过程中，变法救国成为仁人志士的共识。在北京地区，维新派与守旧派之间围绕变法、兴西学、实行君主立宪制等问题展开了一场激烈论战。维新派在文化教育方面关于创设京师大学堂、提倡西学、废除八股、设立译书局、派人出国留学等政策，对北京的政治经济文化的发展产生了重要影响。但维新派试图通过光绪皇帝推行的这种改革，遭到封建守旧势力的激烈反对，最终慈禧太后以"训政"的名义，软禁光绪皇帝，同时下令搜捕维新人士。康有为、梁启超被迫逃亡海外，谭嗣同、刘光第、林旭、杨锐、杨深秀、康广仁6人同遭杀害。这次变法维新虽然失败了，但对社会进步和思想文化的发展起了重要推动作用。

以慈禧太后为首的清政府统治集团深感末日来临的威胁，不得不顺应时势，改弦更张，实行所谓"新政"。其结果，非但没有解除清王朝的统治危机，反而加速了清王朝末日的来临。

在此态势下，北京人民开始了自发的反帝斗争。譬如，拒俄运动①、

---

① 1903年的拒俄运动是留日学生和国内青年知识分子发动的具有深远历史意义的爱国运动。1900年八国联军占领北京，沙皇俄国借镇压义和团之名，强行出兵占领中国东北三省。1902年签订的《交收东三省条约》，确立了沙俄在东三省的特权，也规定了沙俄从东三省撤军的条款。1903年4月，到了撤兵的最后期限，沙俄非但不如期践约，反而增兵南侵，企图永远霸占东三省。沙俄的侵略野心，激起了中华民族的极大义愤，一场范围相当广泛的"拒俄运动"迅速展开。

抵制美货运动[1]。由于清朝和帝国主义的联合阻挠，运动未能达到预期的目标。然而，北京人民却在斗争实践中，积累了经验。

1911年，在孙中山的领导下，辛亥革命结束了清朝的统治。但是，辛亥革命的果实却被袁世凯窃取。袁世凯所主张建立的封建独裁体制以及对封建纲常礼教的追捧，遭到广大人民的唾弃。袁世凯去世后，北洋军阀各派势力割据称雄。北京政府成为各实力派军阀争夺的中心目标。1926年7月，国民革命军兴兵北伐，1928年6月8日进占北京。北洋军阀所主导的中央政权最终灭亡。同年6月15日，南京国民政府发布宣言："中国统一告成。"[2]从此，国民党组建的南京政府，取代北洋军阀控制的北京政府，行使对全中国的统治权。

1928年6月28日，北京市改名为北平市。25日，国民党中央决定，成立北平政治分会，逐渐地削弱了北平在全国的政治地位。北平失去了首都地位后，仍不失为北方的政治中心。蒋介石为了控制全国的政治局势，采取了一系列措施以削弱地方势力派系对北平的控制权。到了30年代，张学良与蒋介石结为联盟。东北军控制北平地区约两年半。在此期间，日本军国主义者发动了大规模的侵华战争，中日民族矛盾逐渐上升。

日本侵略者发动的侵华战争，激起中国人民的强烈愤慨，北平民众迅速投入全国性的抗日斗争中。1931年九一八事变后，北京大学学生会提出："全国要立刻息止斗争，集中军队，一致对外。"[3]接着，北平学生抗日救国联合会组建。各校陆续开始罢课，组成宣传队，抗日呼声遍及全城。另外，北平各界民众纷纷组织起来，投身抗日洪流。1933年日军占领承德后，立即向长城沿线进军。驻扎在长城内

---

① 1905年的抵制美货运动是普及于全国各地的、有各阶层人民参加的反美爱国运动。因为这个运动以商人抵制美货为主要斗争形式，故被称为"抵制美货运动"。

② 《国民政府对外宣言》(1928年6月15日)，《申报》1928年6月16日。

③ 《国立北京大学学生会抗日运动委员会宣传大纲》，载《北京大学日刊》1931年9月24日。

外的中国军队，奋起抵抗，发起著名的长城抗战[①]，鼓舞了全国人民的抗日斗志。1937年卢沟桥事变后，全国抗战爆发。

抗日战争的胜利，是鸦片战争以来中国人民反抗外国侵略、争取民族解放斗争所取得的第一次彻底的胜利。这一胜利是在中国共产党倡导的抗日民族统一战线旗帜下，经过全民族抗战取得的。北平地区的抗日军民为此做出了重大的贡献，也付出了巨大的代价。成千上万的优秀儿女参加了平西、平北、冀东八路军和地方抗日武装。他们驰骋沙场，不怕牺牲，前仆后继，英勇杀敌。有的为国捐躯，有的立功受奖，有的成长为军政指挥员或地方领导干部。

北平人民是英雄的人民，他们经受了残酷斗争的考验，也付出了巨大的牺牲。北平人民用血与火的文字，谱写出壮丽辉煌的反侵略战争的胜利史诗。也正是这场战争，促进了北平人民空前的觉醒和团结，使北平人民认识到，只有中国共产党及其领导的人民军队，才能拯救中国，使人民获得解放[②]。可以说，中国人民的抗日战争，是中华民族的壮举，也是人类战争史上的奇观。抗日战争的胜利是中国由衰败走向复兴的重大转折点，为彻底扫除一切帝国主义势力、争取国家的完全独立和民族解放开辟了道路。

抗日战争胜利后，美帝国主义试图扶持蒋介石在中国建立一个亲美的反动政权，这一妄想激起了包括学生、工人等各界民众的反对，北平人民掀起了反美抗暴学生运动、反饥饿反内战运动、反迫害运动、反美扶日运动等一系列反帝爱国运动。1949年1月31日，人民解放军入城接管防务，北平宣告和平解放。

北平的解放，“是我国人民解放军英勇善战，前后方军民协力奋斗和全国人民、全国各民主党派、人民团体一致赞助的结果”。北平的新生，连同东北、华东等战场的胜利，“奠定了人民解放战争在全

---

① 长城抗战是九一八事变后，中国军队在华北地区第一次较具规模的抗击战役，给骄横一时的侵略者以沉重的打击，鼓舞了全国人民的抗日斗志。

② 荣国章、孔宪东、赵晋：《北平人民八年抗战》，中国书店出版社1999年版，第260—261页。

国胜利的巩固基础”[①]。1949年9月27日，北平更名为北京。从此，北京作为中华人民共和国的首都，进入了崭新的历史发展阶段。

① 赵晋、王亚春、谢荫明：《北平和平解放前后》，中国书店出版社1999年版，第3页。

第三节　东西方文化的碰撞交流

明末清初的100余年间，中国对外交流史上出现了一次大规模的文化交流活动，即所谓“西学东渐”和“东学西渐”。在东西方文化碰撞交流的历史上，明清之际的“西学东渐”可谓最具代表性。在向西方学习和探索国家出路的过程中，北京引领风气之先，出现了新式学校、新式报刊、新式交通工具等，为后来北京红色文化的孕育与萌芽提供了必要条件。

一、“西学东渐”助推文化交流互鉴

在“西学东渐”的过程中，意大利人利玛窦来到北京，将天主教和西方科学文化传入中国，又向欧洲介绍中国的古老文化，为16、17世纪中西文化的交流做出了重要贡献。

利玛窦在北京的10年，是他最繁忙的10年。他不仅大力发展传教事业，而且还著书立说，将大量西学介绍到中国。据统计，他在华期间撰写和翻译成汉文的著作达19种。其中，6种收入《明史·艺文志》，13种被《四库全书》收录或存目。他是最早将中国的“四书”翻译成西文并把儒家思想传播到欧洲的人。

在西学传入中国的过程中，利玛窦首次将欧洲的天文学传入到中国，为后来中国取得一系列天文学成就提供了重要基础。此外，“西洋美术之入中土，盖亦自利玛窦始也”①。利玛窦是一位博学多能的学者，被以“天文学家、数学家、地理学家、汉学家”等身份载入《科学家传记辞典》。

同时，利玛窦在欧洲汉学史上也占有极其重要的地位，是欧洲汉

① 向达：《明清之际中国美术所受西洋之影响》，《东方杂志》第27卷第1号，1930年。

学史的开山鼻祖。他的著作《中华传教记》用德文、法文、意大利文和西班牙文翻译出版，在欧洲各国流传，使中国的儒家思想和汉学能够在欧洲各国得以传播开来。这部著作对“欧洲文学、科学、哲学、宗教及生活方面的影响，或许要超过十七世纪其他任何的史学著作”①。所以，利玛窦不仅是中西交流史上的一位著名人物，更是中西文化交流史上的一位伟人，他为中西文化交流融合和思想碰撞做出了杰出的贡献。

二、“东学西渐”推动文化交流碰撞

在东西文化交流碰撞的过程中，“东学西渐”也是极其重要的文化现象。这对西方文化的复兴与繁荣发挥了重要作用。在“东学西渐”中，由于传教士的努力和“礼仪之争”的推波助澜，17世纪以后，在欧洲出现了前所未有的“中国热”。在以后的岁月里，这种“中国热”对于欧洲社会文化的变迁产生了深远的影响。

由于历史的巧合，东西两种文明在16世纪至18世纪相逢了。中国和西方两大文明开始了持续的、多方面的接触和交往，西学传到了中国，东学也沿同一条道路反向传向了西方。到17世纪末已有数十种中国经典译本在欧洲流行，如《论语》、《大学》(以《中国的智慧》为名)、《中庸》(以《中国政治道德学》为名)、《孟子》等四书，以及《诗经》《书经》《礼记》《易经》《春秋》等五经，还有《乐经》《孝经》《幼学琼林》和朱熹的著作，均被翻译成多种文字在西方发行。此外，欧洲学者研究中国文化和哲学的著作也不断涌现，如《中国通史》《孔子道德论》《中国人的政府和道德观念》《中国哲学》等，其影响所至甚至超过中国经典原著本身②。

从中西文化交流中的关键力量看，传教士无疑发挥了重要的桥

---

① 贺树德：《北京通史》(第六卷)，中国书店出版社1994年版，第296页。

② 陈超：《明末清初的“东学西渐”和中国文化对法国启蒙思想的影响》，《学术研究》2006年第5期。

梁作用。正如季羡林曾指出："中国与欧洲的文化交流，传教士起的作用不可抹杀。随着西方传教士的东来，西学逐渐地传到了中国。与此同时，中国的传统文化也通过传教士传到了西方。"①

无论是"西学东渐"，还是"东学西渐"，都促进了中西方文化的交流与碰撞，对法国等欧洲国家文艺复兴的推进和社会转型起到了助推作用，对中国文化繁荣发展和文化输出做出了重要贡献，为后来北京红色文化的形成和发展提供了历史积淀和文化基础。

三、引领向西方学习之潮

鸦片战争以后，随西方国家侵入而挟带进中国的新文明犹如从天而降的怪物，使中国人普遍产生了本能的排斥和恐惧。当人们对这个怪物熟视无睹之后，便在一部分人中间产生了一定程度的认同感。随着这种认同感的不断增强，近代中国人学习西方的意识也就越来越强，中国人变革现实的愿望也就越来越迫切。中国先进的知识分子开始睁眼看世界，进行了苦苦的挣扎和求索。他们发出了内变弊政，外抗强敌的呼声。

当西方列强用枪炮打败了中国时，先进的中国人开始购买洋枪洋炮；当洋枪洋炮还是抵挡不住列强的进攻时，就开始学习制造洋枪洋炮的具体技艺；当学习西方技艺遇到种种障碍时，又开始转为学习西方的文化制度。随着中国在与西方列强交往过程中的不断败北，先进的中国人逐渐认识到教育对中国的富强所起的作用，于是逐渐地提出了更新中国传统教育模式、学习西方先进教育理念的思想，并结合当时中国的实际情况在实践中付诸实施。而在教育思想上学习西方，以龚自珍、林则徐、魏源为代表的中国较早地睁眼看世界的知识分子，主张对中国的教育进行大张旗鼓的改革，并初步提出了向西方学习的

① 季羡林：《东学西渐与东化——为〈东方论坛〉"东学西渐"栏目而作》，《东方论坛·青岛大学学报》2004年第5期。

举措。具体则是从开译馆、办学堂开始，这些都是一点一滴地模仿西方的过程。

中国学习西方，是从军事领域起步的；中西文化的交会，也是从军事思想开始的。这主要与西方列强用坚船利炮打开中国大门有密切关联。中国人学习西方，不仅要摆脱落后，而且要最终赶上和超过西方，自立于强国之林。如魏源的“师夷长技以制夷”和洪仁玕的“与番人并雄之法”，就是先进的中国人最初的赶超意识。冯桂芬在提出中国4个“不如夷”[①]说后，还强调中国人必将“始则师而法之，继则比而齐之，终则驾而上之”，显示一种不甘落后的意识。甲午战败深深地刺痛了近代知识阶层，许多青年学子先后跨出国门留学泰西东洋，希望学成回国建设国家，与外国争雄。

在向西方学习并试图赶超西方的探索中，北京地区出现了新式学校、新式报刊、新式交通工具等，推动了教育领域的现代化、思想文化领域的革命以及交通层面的大发展，彰显出引领风气之先的特点。

首先，现代教育思想开始萌发，新式学校陆续创办。在洋务运动期间，北京地区创办新式学堂，并派遣留学生出国学习。当时创办的新式学堂主要有翻译学堂，如京师同文馆，主要培养翻译人才；还有工艺学堂，培养电报、铁路、矿务、西医等专门人才；以及军事学堂，如船政学堂等，培养新式海军人才。自19世纪70年代，北京的汇文中学一些学生开始接触足球，但并无组织。1906年，协和书院与英国士兵在英军驻地足球场举行足球比赛，引发人们的关注。篮球、排球、棒球、网球等也在此时传入北京，受到人们的欢迎。中国的现代体育教育开始有了发展。戊戌变法期间，采用西方近代教育制度，兴办新式学堂，创设京师大学堂，这对中国近代教育的发展起了积极的推动作用。20世纪初，照相机、摄影机、留声机在北平地区逐渐得到使用，报纸大量涌现，阅报社（处）逐渐兴起。譬

① “人无弃才不如夷，地无遗利不如夷，君民不隔不如夷，名实必符不如夷。”

如，1905年黄中慧主持《京话报》的创办。后来，又有《北京女报》等。1905年，载泽、戴鸿慈、端方等5位大臣出洋考察。归国后，他们专折上奏，建议由学部、警部主持，以京师作为试点，建立动物园、公园、博物馆、图书馆等公共文化设施，北京开始公共文化的近代化构建①。1917年1月，北京大学校长蔡元培提出“思想自由、兼容并包”的办学方针，有力地支持了新文化新思潮的发展，开创了一代思想自由、学术自由的新风，不仅使北京大学很快成为闻名全国的名副其实的高等学府，而且成为新文化运动的发祥地和五四运动的摇篮。

其次，创办新式报刊，宣传西方现代文明，科学救国的思想与理念得到广泛的传播。洋务运动时期，李鸿章、张之洞等官员积极主张引进西方科学技术，他们找人翻译西方科技书籍，派官员出国学习游历，其根本目标是求洋人擅长之技，实现中国自强。他们通过翻译西书、创办报刊等方式广泛宣传科学思想，从而推动科学思想在19世纪末的广泛传播。辛亥革命后，“科学救国”思潮得到进一步发展，一批批进步的国人通过兴办科学团体、创办科学期刊来宣传西方科学思想，倡导科学救国。新文化运动兴起后，陈独秀等人高举科学旗帜，宣扬科学精神与科学思想，讨伐封建迷信观念，以引起国人对科学的重视②。

最后，新式交通工具在北京地区出现，改变了人们的生活方式。1886年北京城里已经出现了人力车。另一种靠人力行驶的新式交通工具是自行车。自行车在20世纪初从日本传入北京。民国以后自行车风靡北京城。新式交通工具的进一步发展即是机动车代替了人力车。北京出现得较早的汽车是1902年进口专供慈禧乘坐的③。继汽车之后传入北京的现代机动交通工具是电车。民主革命的先行者孙中山

---

① 王岗:《北京史学论丛2014》，北京燕山出版社2015年版，第221页。

② 程美东:《中国现代化思想史（1840—1949）》，高等教育出版社2007年版，第265—266页。

③ 王富盛:《品味竹枝“档案”里的近代北京交通》,《北京档案》2015年第3期。

在《实业计划》一书中主张，通过振兴实业来实现国民经济的现代化和求得中国的繁荣富强。他指出振兴实业的重点是交通、矿产和工业；认为要振兴实业，必须首先从交通抓起，修筑铁路乃立国之根本。

综上所述，北京地区在向西方学习的探索过程中，给人们的思想解放和社会变革、文化革命等带来了翻天覆地的变化，为后来北京红色文化的孕育、成长与发展奠定了坚实的文化基础。

第四节　十月革命与马克思主义传播

俄国十月社会主义革命爆发，以列宁为首的布尔什维克党领导工人、农民和士兵，推翻资产阶级临时政府，建立了无产阶级专政的国家政权。十月革命的胜利，开辟了人类历史的新纪元，极大地鼓舞了世界无产阶级革命和殖民地、半殖民地的民族解放运动。北京地区的知识分子积极地用马克思主义武装工农群众，组织工人运动，为北京红色文化的孕育、成长和发展提供了思想条件。

一、十月革命推动马克思主义在中国广泛传播

俄国十月革命胜利的消息在北京社会，特别是在知识分子中产生了深刻的影响。中国先进分子从俄国十月革命的启示和西方资本主义的社会政治危机中，敏锐地感受到世界历史潮流的深刻变化，并且很快在实践中得出向俄国革命学习的结论①。

十月革命还促使中国先进分子逐步接受了马克思主义。在十月革命之前，中国的先进分子中谈论社会主义的人很多，但了解马克思主义的人却很少。邓颖超回忆道："五四运动是思想解放运动，一解放，就像大水奔流。那时的思想，受到长期禁锢，像小脚女人把脚裹住；放开之后，不知怎样走路，有倒的，有歪的，也有跌跤的。那时是百家争鸣，各种思潮都有。"②瞿秋白曾说："社会主义的讨论，常常引起我们无限的兴味。然而究竟如俄国十九世纪四十年代的青年思想似的，模糊影响，隔着纱窗看晓雾，社会主义流派，社会主义意义都是纷乱，

---

① 中共中央党史研究室：《中国共产党历史》（第一卷）（1921—1949）（上册），中共党史出版社2002年版，第37页。

② 石仲泉：《五四精神历史地位和当代价值》，《天津日报》2019年4月29日第9版。

不十分清晰的。”[1]后来参加中共一大的刘仁静回忆说：“那时，大家正寻找国家的出路，追求真理，对社会主义还没有明确的认识。研究会的几十个会员中，除部分相信马克思主义以外，有的相信基尔特社会主义，有的相信无政府主义。其实，在当时他们对基尔特社会主义和无政府主义，也没有什么研究，只是从杂志上看了一些相关宣传品，认为有道理，合乎自己的胃口，以后看见别的主张更好，有的就放弃了自己原先的主张。”[2]

正如毛泽东1949年在回顾先进的中国人苦苦寻觅救国救民真理的历程时所说：“中国人找到马克思主义，是经过俄国人介绍的。在十月革命以前，中国人不但不知道列宁、斯大林，也不知道马克思、恩格斯。十月革命一声炮响，给我们送来了马克思列宁主义。十月革命帮助了全世界的也帮助了中国的先进分子，用无产阶级的宇宙观作为观察国家命运的工具，重新考虑自己的问题。走俄国人的路——这就是结论。”[3]“以俄为师”时代的到来，才真正开启了马克思主义在中国广泛传播的历史。

在十月革命的影响下，李大钊站在宣传马克思主义的前沿阵地。1918年7月，李大钊发表《法俄革命之比较观》一文，指出俄国十月革命“是立于社会主义上之革命”，它与18世纪法国革命相比，“时代之精神不同，革命之性质自异，故迥非可同日而语者”。“吾人对于俄罗斯今日之事变，惟有翘首以迎其世界的新文明之曙光，倾耳以迎其建于自由、人道上之新俄罗斯之消息，而求所以适应此世界的新潮流。”[4]李大钊将俄国十月社会主义革命与法国资产阶级革命做了本质上的区分。同年11月、12月，李大钊在《新青年》上发表了《庶民

① 瞿秋白：《饿乡纪程》，《瞿秋白文集·文学编》（第一卷），人民文学出版社1985年版，第26页。

② 刘仁静：《回忆五四运动、北京马克思主义研究会和党的一大》，《一大前后》（2），第114页。

③ 《毛泽东选集》（第四卷），人民出版社1991年版，第1470—1471页。

④ 《李大钊文集》（第2卷），人民出版社1999年版，第217—219页。

1924 年夏，李大钊参加共产国际五大

的胜利》和《Bolshevism的胜利》两篇文章。他在文章中运用历史唯物主义观点，指出第一次世界大战是帝国主义强盗之间的争夺战争。李大钊指出一切反动势力必然灭亡，而社会主义、布尔什维主义一定会在全世界取得胜利。他把俄国十月革命看作是“20世纪中世界革命的先声”，把布尔什维主义的胜利看作“是赤旗的胜利，是世界劳工阶级的胜利，是20世纪新潮流的胜利”，是“世界人类全体的新曙光”。他热情地欢呼：“由今而后，到处所见的，都是Bolshevism战胜的旗。到处所闻的，都是Bolshevism的凯歌的声。人道的警钟响了！自由的曙光现了！试看将来的环球，必是赤旗的世界！”

二、马克思主义逐渐成为思想文化界的进步思潮

爆发于北京的五四运动是中国人民反帝反封建的一次伟大的爱国运动，也是一次伟大的思想解放运动。它促进了马克思主义在中国的传播，促成了马克思主义与中国工人运动的结合。五四运动后，中国人民有了新的觉醒，“中国思想界出现了一个明显特点，就是相当一部分人在否定封建主义的同时，也开始怀疑以至放弃资产阶级共和国方案，转而向往社会主义，认为‘社会主义是现时和将来的人类共同

的思想'。"[1]马克思主义逐渐成为北京思想文化界的进步思潮。

经过新文化运动特别是五四爱国运动的洗礼，新的思潮不断涌现。当然，五四时期被中国人当作新思潮传播的社会主义学说十分庞杂[2]。"帝国主义的压迫的切骨的痛苦，触醒了空泛的民主主义的噩梦"，"所以，学生运动倏然一变而倾向于社会主义"[3]。但大多数青年学生对社会主义只是有一个朦胧的向往，并不是非常清晰。对于各种思潮和学说，中国先进分子不断地进行分析、比较与选择，旨在找到根本改造中国社会的良方。

李大钊是在中国大地上传播马克思主义的第一人。他积极介绍马克思主义的唯物史观、经济学说和社会主义理论。他主张知识分子、进步青年要同工农群众结合，提倡深入工厂、社会，开展劳工运动。1920年初，在李大钊的推动下，北京的进步知识分子到人力车夫居住区调查劳工生活状况，到长辛店机车厂同工人建立联系。注意同实际结合，同群众结合，这是马克思主义在北京开始传播时就具有的特点[4]。

毛泽东1918年到北京，在李大钊担任主任的北京大学图书馆当书记，在中央公园听过李大钊《庶民的胜利》的演讲。1919年春，毛泽东回到长沙。五四运动爆发后不久，毛泽东在《湘江评论》的创刊宣言中指出，世界上民众联合的力量是最强的，大声疾呼要实行改革，借平民主义来打倒一切强权。他还曾提倡工读主义，想在湖南长

---

① 中共中央党史研究室：《中国共产党历史》（第一卷）（1921—1949）（上册），中共党史出版社2002年版，第44页。

② 新思潮来势汹涌，也难免泥沙俱下，十分庞杂。具体有马克思主义的科学社会主义，又有各种各样被称为"社会主义"的资产阶级和小资产阶级的思想流派，如无政府主义、无政府工团主义、互助主义、新村主义、合作主义、泛劳动主义、基尔特社会主义、伯恩施坦主义等。中共中央党史研究室：《中国共产党历史》（第一卷）（1921—1949）（上册），中共党史出版社2002年版，第44页。

③ 《瞿秋白诗文选》，人民文学出版社1982年版，第34—35页。

④ 中共北京市委党史研究室：《中国共产党北京简史》，北京出版社2011年版，第5页。

青年毛泽东

沙的岳麓山办一个新村，学生一面读书一面劳作，视学校如家庭，从而结成一个公共团体。他认为，可以先在这样的小范围内做起来，一步步扩大，最终达到改造社会的目的。毛泽东把马克思主义同他接触到的其他新思潮，特别是自称社会主义的思潮反复地比较。在1920年12月1日写给蔡和森的信中，他明确赞成蔡和森所主张的走俄国十月革命式的道路。

比毛泽东更年轻的周恩来，在日本求学时曾受过河上肇的影响。五四时期，他是天津学生爱国运动中的积极分子，主办过《天津学生联合会报》，参加过“觉悟社”，被北洋政府逮捕并拘禁了半年。他出狱后到欧洲考察，对当时流行的打着社会主义旗号的种种思潮进行认真比较，最后下定决心：“我们当信共产主义的原理和阶级革命与无产阶级专政两大原则，而实行的手段则当因时制宜！”“我认的主义一定是不变了，并且很坚决地要为他宣传奔走。”①这深刻反映了马克思主义的广泛传播对先进分子理想信念与价值导向的影响。

三、北京早期党组织宣传马克思主义生动实践

通过学习十月革命的经验，在参加五四运动和传播马克思主义的伟大实践中，中国先进分子经过深思熟虑、反复比较和实践检验做出接受马克思主义这一思想学说的重大选择，并产生要组织政党以指导

① 《周恩来书信选集》，中央文献出版社1988年版，第40—46页。

中国革命的愿望。

青年周恩来

陈独秀在1920年2月离京南下后，与李大钊分别在上海和北京开始创建中国共产党的活动。1920年春，北京大学成立平民教育讲演团等进步社团，到北京的工厂和街道，向群众宣传科学的理论和知识，做群众的组织工作。除进行城市讲演外，他们还注重乡村讲演、工厂讲演，足迹遍布卢沟桥、丰台、长辛店、海淀、通县等地。中国先进分子深入工农群众，一方面给劳动群众以知识和新思想的教育，另一方面自身也得到教育。他们从中了解社会，并决心更好地改造社会。1920年5月1日，李大钊、邓中夏等在北京举办了第一次纪念国际劳动节的活动，扩大了在工人阶级中的影响。

北京早期党组织通过学习十月革命经验，把马克思主义作为观察国家命运以及与各种错误思潮进行斗争的强大工具。北京早期党组织把开展马克思主义的研究和宣传作为其主要活动之一。譬如，“1920年12月初，李大钊在北京大学组织社会主义研究会，其宗旨是‘集合信仰和有能力研究社会主义的同志，互助的来研究并传播社会主义思想’。同年，李大钊、何孟雄等人与张东荪、梁启超等主张和平改良、建立基尔特社会主义（行会社会主义）的知识分子，展开了一场关于社会主义的论战。这次论战进一步扩大马克思主义在北京的影响，提高了北京支部成员及先进分子的思想觉悟和理论水平”①。

同时，北京早期党组织成员还积极发动和组织工人运动，创办出

① 中共北京市委党史研究室：《中国共产党北京简史》，北京出版社2011年版，第9页。

《新青年》第六卷第五号为马克思研究号

版《劳动音》《工人周刊》等工人通俗刊物，对工人进行宣传教育，启发工人的阶级觉悟。特别是在1921年7月中国共产党成立之后，北京党组织开始大力地发展党团组织与扩大马克思主义宣传。譬如，中共北京地委成立后，加强对北京党团组织的建设和领导，先后建立东城、西城、西山、长辛店机车厂4个党支部，并派人到天津、张家口、唐山、保定、徐州等地开展工作，发展党员，建立支部。北京党团组织除继续以《晨报》等公开报刊为阵地宣传马克思主义外，还创办了《先驱》等刊物，宣传党和团的主张，报道组织的活动。为纪念卡尔·李卜克内西与罗莎·卢森堡遇难3周年、五一国际劳动节、五四运动纪念日和马克思诞辰，北京党团组织编印了很多传单和小册子。这些宣传品通俗易懂、鼓动性强，对教育群众，扩大党团影响，揭露帝国主义和军阀政府的黑暗，起到了积极作用。

总之，马克思主义得到了广泛传播和实践运用，对中国革命产生了深远影响，为北京红色文化的形成与发展提供了指导思想。

第五节　中国共产党的奋斗引领

北京的共产党早期组织成立后，进行了艰辛的宣传组织工作，为中国共产党的成立做出了重大贡献。1921年中国共产党成立后，中共北京地委就投入到开展工人运动、发动反帝反封建的斗争实践当中，展现了中国共产党人威武不屈的民族气节、不畏强暴的英雄气概、坚韧不拔的必胜信念、人民至上的崇高理念，为北京红色文化的形成与发展提供了扎实的实践基础。1949年新中国成立，开启了首都北京的新篇章。

一、中国共产党成立前后先进分子艰辛引领

中国共产党成立前后，先进的知识分子便积极投身于工人运动与思想理论宣传工作中，在北京红色文化的孕育、形成中发挥着重要引领作用。

在北京，先进知识分子开始到工人群众中去宣传马克思主义，为北京的共产党早期组织成立做了必要的准备。1920年10月，北京共产党小组成立。北京共产党小组成立后，先后筹备建立了北京社会主义青年团，创办党的刊物，举办工人夜校，成立工人俱乐部。共产党小组成员到天津、太原、保定、唐山等地发动工人运动，推动北方党团组织的创建。

中共一大后，北京成立了以李大钊为书记的中共北京地委，同时还成立了中国劳动组合书记部北方分部，负责领导北方地区的工人运动。

1922年，中共二大及中共中央西湖会议后，李大钊和中共北京地方组织为建立统一战线，做了大量的工作，对中共三大确定共产党与国民党实行合作的方针起了重要作用。1923年初，在北京等地党组织的领导下，发动了著名的京汉铁路工人大罢工，形成第一次工人

运动的高潮。二七惨案警醒了共产党人，在反动势力十分强大的情况下，要取得革命的胜利，必须建立反帝反封建的强大革命统一战线。从此，中共北京地方组织把大量的精力投入到组织国共合作的统一战线之中。

大革命时期，在中国共产党的积极帮助下，国民党进行了改组，国共合作形成，壮大了反帝反封建革命团体的力量，加快了革命的步伐。后来，由于蒋介石和汪精卫等叛变革命，加上中共党内的右倾机会主义错误，革命惨遭失败。这一时期，北京处于帝国主义和封建军阀政府的统治之下。扩大党的组织，建立革命的统一战线，组织群众运动，配合南方的国民革命军北伐，成为中共北京组织的主要工作。中共三大决定设立直属中央的中共北京区委（1925年10月后改称中共北方区委），区委在李大钊的直接领导下，负责整个北方党的工作。由于群众斗争的需要和党的正确领导，到1926年初，北方地区已先后建立了10多个地委和几十个独立支部。党员由1924年5月的75人发展到1927年2月的3000多人，其中仅北京市的党员就有1000多人。北方区委、北京地委在进行党的组织建设的同时，注重对党员进行思想教育。北方党的机关刊物《政治生活》和其他一些印刷品经常刊登中共北方区委、北京地委，共青团北方区委、北京地委的文告，刊登李大钊、赵世炎、范鸿劼等领导人的文章，这对于提高党团员的理论水平具有重要作用。北方区委还在北京创办了党校，开展马克思主义基本原理和中国革命问题的教育，有力地提高了党的干部思想水平和工作能力。

此外，在敌强我弱的形势下，巩固和发展国共合作的统一战线，是大革命时期党最主要的工作。在李大钊的正确领导下，中共党员以个人身份加入国民党，帮助国民党在北方建立组织，新三民主义和联俄、联共、扶助农工的三大政策深入人心。1924年，国民党北京执行部和北京市党部先后成立，中共党员和国民党左派在这些机关中占据了多数席位。为了巩固统一战线，北京中共党员、国民党左派同国民党右派进行了坚决的斗争，制止了右派组织“国民党同志俱乐部”

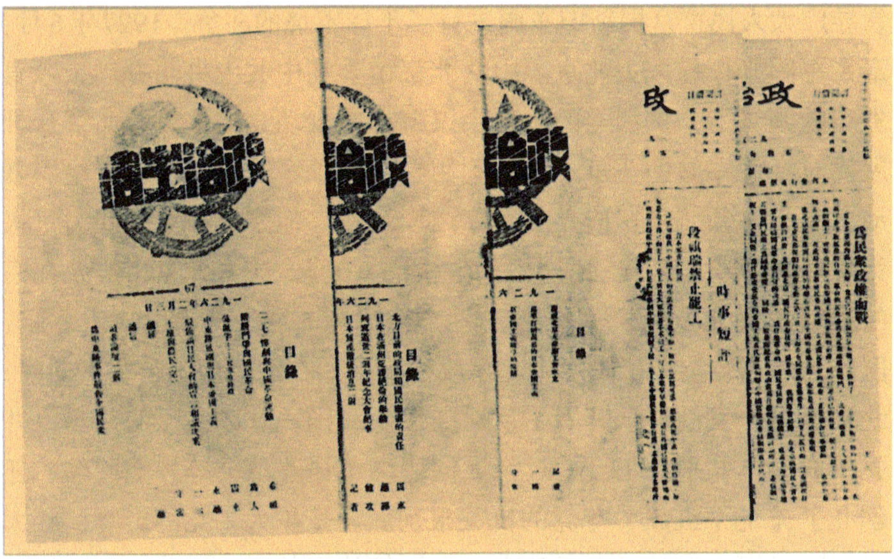

中共北方区委机关刊物《政治生活》

的分裂活动。同时，为促进全国革命形势的发展，中共北京地方组织派遣大批干部分赴各地开展相关工作[①]。

总体来看，第一次大革命时期是北京的群众运动此起彼伏、不断发展的时期。从1924年初开始，北京先后爆发了要求恢复中苏邦交、废除不平等条约、欢迎孙中山北上、抵制段祺瑞的“善后会议”、召开国民会议促成会全国代表大会、声援五卅反帝斗争、要求关税自主、反对军阀政府的“首都革命”、抗议日本等八国通牒以及在此基础上发生的三一八斗争等重大政治事件。这些斗争涉及的地域广、阶层多，规模大、持续时间长，目标明确、组织形式严密。这些有工人、学生、市民、农民参加的群众运动，沉重地打击了帝国主义和军阀政府的统治，促进了全国各地的革命斗争。

第一次大革命失败后至九一八事变前，中共北京（平）地方组织

① 他们有的报考黄埔军校，有的到农民运动讲习所学习，有的组织蒙古族等少数民族的革命斗争，有的到东北、西北、西南开辟新战场。可以说在第一次大革命时期，广州与北京遥相呼应，形成了南北两地革命的中心。中共北京市委党史研究室：《中国共产党北京历史大事记（1919—1949）》，北京出版社2001年版，第44页。

领导广大人民群众同新旧军阀进行了不屈不挠的斗争。1927年6月，奉系军阀张作霖入主北京。中共北京市委在中共中央北方局、顺直省委的领导下，贯彻党的八七会议精神，发动党团员、革命群众开展反对奉系军阀的斗争，以期利用晋奉战争奉军失利之机，组织暴动，一举占领北京，成立北京苏维埃政权。但是，由于敌我力量极为悬殊，暴动尚未发动即遭失败。同年10月，中共北京市委及在京的中共中央北方局机关遭到破坏。1928年6月，阎锡山攻占北京，国民党中央政治会议决定将北京改称北平。在阎锡山统治北平期间，北平党组织发动群众开展了反对阎锡山和国民党改组派的斗争，并先后成立了北平总工会、反帝大同盟、革命互济会等外围团体，还创办了《北平红旗》等党的机关报刊。斗争扩大了党的影响，壮大了党团组织。但是，由于党内"左"倾错误的影响，北平党组织忽视敌强我弱的客观事实，盲目组织飞行集会、游行示威，还成立了北平行动委员会，计划搞中心城市暴动，建立北平苏维埃政权，结果以失败告终，导致许多党团员及革命群众被捕。1930年9月，张学良统治北平。北平党组织利用张学良部队刚入北平这一时机，积极发展党团组织和外围团体，先后成立了北方左联、北平社联、普罗画会等外围革命团体。1931年6月至7月，中共北平市委及在北平的中共河北省委再次遭到破坏，20余名省市委负责人被捕。在此期间，北平电话工人、邮务工人、铁路工人、印刷工人、小学教员、人力车夫等多次自发地组织怠工罢工斗争，并取得了一定的胜利。

二、抗战时期中国共产党发挥中流砥柱作用

九一八事变后，日本帝国主义侵占中国东三省，建立伪满洲国傀儡政权，并进一步把侵略矛头指向华北。中日之间的民族矛盾逐渐上升为主要矛盾，反对日本侵略者的民族革命，成为中国各族人民的主要任务。日本侵略者对华北的步步紧逼和强取豪夺，使中华民族处于生死存亡的危急关头。保卫华北、抗日救国日益成为全国各阶层人民

的共同呼声。中国共产党率先举起武装抗日的旗帜，全国各地的抗日救亡运动此起彼伏。

直接处于日本威胁下的北平，抗日救亡运动不断爆发。不仅工人、农民、学生、教员、商人，甚至宗教界也行动起来。他们通过集会、游行、请愿、演讲、发表宣言和通电、捐钱捐物、抵制日货等多种形式，反对日本帝国主义的侵略，声援前线抗日将士。他们还谴责国民党政府对日不抵抗政策，要求停止内战，一致对外。其中，一批党的和党所影响的文化工作者冲破国民党的反动统治，积极进行革命文艺创作，宣传党的方针政策，反对国民党的文化“围剿”，开展抗日救亡，形成了左翼文化运动。

国民党当局对北平日益高涨的抗日反蒋斗争十分恐惧。为加强统治，北平国民党的军警宪特机构派出大批特务四处侦探。从九一八事变至一二·九运动前，中共北平组织及外围组织遭受多次大破坏，被捕的党团员和革命群众达上千人。

1935年12月至1937年7月，是中共北平组织恢复与发展的时期。这一时期，中国共产党开始纠正党内的“左”倾错误，并确立了党的抗日民族统一战线的策略方针，工作的重点和策略已由反蒋抗日、逼蒋抗日转变为联蒋抗日。在民族处于生死存亡的紧要关头，中共北平组织在北方局和河北省委的领导下，审时度势，高举抗日救亡的爱国旗帜，组织了一二·九抗日救亡运动，推动了全国抗日救亡运动的开展。伟大的一二·九运动赢得了广大群众的声援和拥护。在这一运动中，北平党组织得到了恢复和发展，并建立了新的外围团体——中华民族解放先锋队。

1936年，刘少奇主持中共北方局工作后，总结了党在白区工作中的经验教训，提出了一套正确的方针、路线和策略，凝聚了各阶层抗日力量。刘少奇、彭真还多次指导北平党的工作，统一党内思想认识，使北平党的工作日臻成熟，党组织及党的外围团体不断壮大。

1937年7月7日，日本侵略者制造卢沟桥事变，发动全面侵华战争。中国共产党在卢沟桥事变后的第二天通电全国，号召实行全民族抗战，武装保卫平津、保卫华北。北平党组织发动群众，掀起抗日高潮。中华民族解放先锋队、北平学联、华北各界救国会等抗日救亡团体成立抗敌后援会，发表宣言，组织群众支援29军作战。中共北平组织根据中共中央和北方局指示，迅速动员和组织党员、青年学生向农村及敌后转移。北平地区的抗日斗争以农村的武装斗争与城市的隐蔽斗争紧密配合、迅速展开。1937年11月，中国共产党领导下的华北敌后第一块抗日根据地——晋察冀根据地建立。

在抗日战争的艰苦岁月里，在日本侵略者灭绝人性的法西斯暴行面前，平郊根据地军民团结一心，不怕牺牲，前仆后继，坚持以“巩固平西、坚持冀东、开辟平北”的“三位一体”战略方针，粉碎日伪的多次“扫荡”。1941年8月17日，中共晋察冀分局书记彭真发出《对冀东、平北工作的意见》，贯彻“三三制”精神，实施精兵简政、减租减息，开展整风和大生产运动等，不断发展壮大抗日根据地。平郊抗日根据地的建立和发展壮大，使已经沦陷的北平处于抗日军民的包围之中，不仅直接威胁着盘踞北平的日伪，也为北平城内地下党的工作提供了可靠的依托和保障。

卢沟桥事变以后，中共北平组织遭受了日伪的数次破坏，但在晋察冀分局城工委的正确领导下，在斗争中发展壮大。抗日战争胜利时，仅晋察冀分局城工部系统就有200多名地下党员和七八百名党的积极分子。这支在对敌斗争中锻炼出来的队伍，成为解放战争时期北平人民开展反美反蒋斗争的骨干力量。

三、解放战争时期中国共产党奋斗引领

抗日战争胜利后，北平成为国民党统治华北的中心，也是中国共产党白区工作的重点之一。1946年10月中共晋察冀中央局决定撤销中共北平市委，原由市委领导的学生工作委员会（学委）、工人工作委员会（工委）、平民工作委员会（平委）、铁路工作委员会（铁委）、文化工作委员会（文委）全部转归中共晋察冀中央局城市工作部（后

改称中共中央华北局城工部）领导。中共北平组织认真贯彻党的“荫蔽精干、长期埋伏、积蓄力量、以待时机”的白区工作方针，开展斗争。

在中共北平组织的领导下，反甄审斗争，反伪选斗争，抗暴斗争，反饥饿，反内战、反迫害运动，反美扶日游行等此起彼伏，声势浩大。门头沟煤矿、石景山发电厂、长辛店机车车辆厂、石景山钢铁厂、电信局、七十兵工厂、国民党国防部联合后方勤务总司令部、平津被服总厂和丰台火车站、浴池业、油盐店业的工人斗争接连不断，电信局的“饿工”斗争更是震动全国。工人运动和学生运动互相支援，密切配合，沉重地打击了敌人。在领导学生运动和工人运动的同时，中共北平组织还积极而谨慎地开展统战工作，促成傅作义接受改编，为和平解放北平做出了不可磨灭的贡献。1948年底至1949年初，在中国人民解放军的强大攻势下，北平郊区各县相

欢乐的北大、清华学生爬上入城的坦克，庆祝北平解放（新华社　提供）

继解放，建立了人民政权。

在全国解放战争不断取得胜利的强大军事压力和中共北平地下组织的密切配合下，北平于1949年1月31日宣告和平解放，开创了这座文化古都的新纪元。中国共产党接管了北平市的一切权力机关，建立了新的人民民主政权。全市共产党员和人民群众在中共北平市委的领导下，迅速开展系统接管，建立人民政权，肃清反革命残余势力，安定社会秩序，恢复和发展生产，清除旧社会遗留下的污垢。

1949年9月27日，中国人民政治协商会议第一届全体会议决定中华人民共和国定都于北平，自即日起，北平改名为北京。北京从此成为新中国的政治和文化中心。

第三章

物质形态的北京红色文化

物质形态的红色文化，承载着中国共产党领导最广大人民群众进行革命的光辉历史，已经成为中华民族的优秀文化遗产。物质形态的北京红色文化，包括红色地标、红色遗址遗迹、可移动红色文物等。这些都是中国共产党人、广大人民群众等红色文化创造主体参与伟大革命斗争实践的外在显性部分，是北京红色文化的基本元素。物质形态的北京红色文化也构成了北京红色精神的客观载体。

第一节　红色地标

红色地标是指中国共产党领导人民进行革命过程中遗留下来的重要标志性建筑、场馆和设施。北京红色地标主要包括北大红楼、长辛店二七大罢工旧址等传播真理与酝酿建党阶段的红色地标，中国人民抗日战争纪念馆、没有共产党就没有新中国纪念馆等展示中国人民抗日战争历史的红色地标，中共中央北京香山革命纪念地、北京饭店初期建筑等筹建新中国阶段的红色地标，人民英雄纪念碑、人民大会堂等奠基立业与人民当家作主阶段的红色地标。这些红色地标记载了中国共产党人为中国人民谋幸福、为中华民族谋复兴的初心与使命，彰显着北京独特的红色文化。

一、传播真理与酝酿建党的历史印记

传播真理与酝酿建党阶段的红色地标包括北大红楼、长辛店二七大罢工旧址、李大钊故居等。这些地标是传播马克思主义真理、酝酿建立中国共产党、开展早期工人运动的历史见证。

（一）北大红楼：中国共产党的初心始源

北大红楼的红色文化底蕴厚重，是新文化运动的主要阵地之一，是马克思主义在中国的主要传播地、中国共产党的重要孕育地、中国共产党早期干部成长的摇篮。

当时，许多名流、学者会集，陈独秀、李大钊、鲁迅、胡适、钱玄同、刘半农、杨昌济、马叙伦等曾在这里任职任教。青年毛泽东曾在图书馆新闻纸阅览室工作。

随着党的事业不断发展，北大红楼的作用也发生着变化。中国共产党成立后，中共北京地委和北京（平）市委、中共北方局和北京社会主义青年团的领导机关一度设在这里。全民族抗战期间，北平沦陷，北大红楼曾被日本军队占据。新中国成立后，红楼受到党和政

北京大学红楼旧影

府的重视与保护。改革开放以来，北大红楼成为重要的爱国主义教育基地。

（二）长辛店二七大罢工旧址：北方的红星

长辛店二七大罢工旧址是北方工人运动的摇篮，燃烧过二七革命斗争的熊熊烈火，铸就了伟大的二七革命精神，生动地展现了中国共产党成立前后在长辛店开展革命活动的光辉历程。

长辛店曾是京汉铁路总工会第一次筹备会的召开地，是中国早期工人运动中令人瞩目的地方。李大钊、毛泽东、邓中夏、张太雷等都曾到长辛店开展革命活动。长辛店二七大罢工旧址包括留法勤工俭学旧址、劳动补习学校旧址、二七工人夜校旧址、二七惨案发生地、二七烈士墓等一批红色遗址群。

其中，长辛店留法勤工俭学旧址是北京早期工人运动的重要遗迹。劳动补习学校是中国共产党采用夜校形式对工人进行马克思主义教育的据点。二七烈士墓是为二七大罢工中牺牲的葛树贵、吴祯两位烈士修建的墓（碑）。长辛店二七纪念馆生动展现了革命先驱和二七英烈们为实现美好理想而英勇斗争的悲壮历史，颂扬了中国工人阶级为民族解放事业而前赴后继的不朽业绩。

二、日本罪行与中国抗战的客观见证

展示中国抗日战争历史的北京红色地标包括中国人民抗日战争纪念馆、焦庄户地道战遗址纪念馆、没有共产党就没有新中国纪念馆等。这些红色地标是揭露日本帝国主义侵略行径，展示中国人民坚持抗战和中国共产党中流砥柱作用的客观见证。

（一）中国人民抗日战争纪念馆：抗战历史的生动展现

中国人民抗日战争纪念馆是一座全面反映中国人民抗日战争历史的大型综合性专题纪念馆，具体分为中国局部抗战、全民族抗战、中流砥柱、日军暴行、东方主战场、得道多助、伟大胜利、铭记历史等8个专题展览。

这些展览，着力展现在中国共产党高举抗日民族统一战线旗帜下，打败日本侵略者的历史功绩；着力展现中国人民抗日战争在世界反法西斯战争中的重要地位和作用，客观真实全面地展示中国人民抗日战争的伟大历程；着力揭露日本侵略者的罪行；着力展现中国人民抗日战争胜利的伟大历史意义。同时，也向世人宣示了中国人民热爱和平、维护和平的坚定信念，成为弘扬和传承伟大抗战精神的爱国主义教育基地。

（二）没有共产党就没有新中国纪念馆：唱出人民心声的历史见证

没有共产党就没有新中国纪念馆运用文字、摄影、绘画、浮雕、蜡像、幻影成像等传统与现代相结合的手段，再现《没有共产党就没有新中国》歌曲诞生、传唱的历史过程，昭示没有共产党就没有新中国、只有共产党才能救中国这一历史事实。

《没有共产党就没有新中国》的词曲作者曹火星，是晋察冀边区抗日救国联合会群众剧社的音乐组组长。这首歌唱出了一个历史铸就的结论，表达了人民的心声，凝聚起亿万人民的力量，为驱逐侵略者、荡平反动派、建立新中国积蓄了无穷力量。它的传唱，始终伴随着人民军队进军的步伐，伴随着民族解放的前进号角。

没有共产党就没有新中国纪念馆，不仅让人铭记这一用生动旋律唱出人民心声的珍贵历史，更增强了人们对没有共产党就没有新中国的认同感。

三、革命到底与筹建新中国的生动写照

革命到底与筹备建立新中国阶段的红色地标，包括中共中央北京香山革命纪念地、北京饭店、天安门等。这些红色地标是中国共产党领导全国人民将革命进行到底、建立人民中国的生动写照。

（一）中共中央北京香山革命纪念地：为新中国奠基

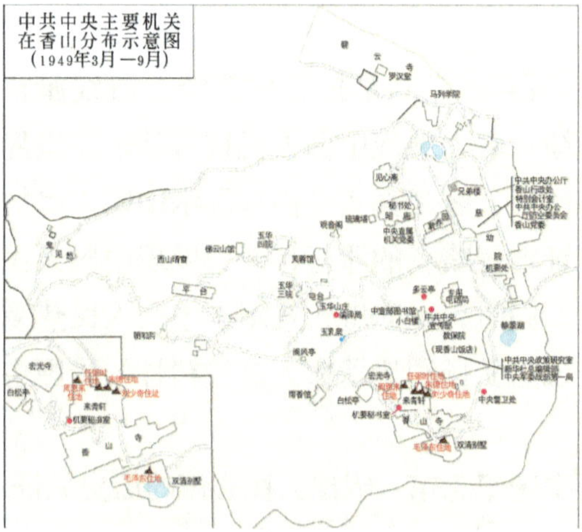

中共中央主要机关在香山分布示意图

中共中央北京香山革命纪念地是中共中央在人民解放战争走向全国胜利、新民主主义革命取得伟大胜利时的总指挥部，是筹建新中国的重要场所，见证了毛泽东等重要领导人运筹帷幄、指挥解放战争取得最后胜利的光荣时刻，在中国革命史和中共党史上都具有里程碑意义。

中共中央北京香山革命纪念地包括双清别墅、来青轩、丽瞩楼、小白楼、思亲舍、多云亭、镇芳楼等一批建筑物。在这里，毛泽东、刘少奇、朱德、周恩来、任弼时召开重要会议，做出重大决策，发布重要命令，撰写重要论著，会见各民主党派代表人物和各界爱国人士等，赋予这些红色建筑弥足珍贵的独特意义。

（二）北京饭店：近代中国百年沧桑的见证

北京饭店见证了近代中国百年的兴衰荣辱。溥仪、孙中山、张学良、冯玉祥、李宗仁、埃德加·斯诺、叶剑英、彭德怀等众多叱咤风

云的历史人物都曾在这里留下身影。

中华人民共和国成立前后，北京饭店不仅是中国开展政治、经济、文化等方面活动的重要场所，也是对外交往的窗口。它承担的第一个重要会议是第一届政治协商会议。新中国成立初期，外交部部长临时办公室就设在北京饭店，在这里圆满完成了许多重要的外事接待任务。此外，西藏和平解放的协议也是在这里签署的。改革开放前，在这里曾接待过蒙古人民共和国部长会议主席泽登巴尔、朝鲜劳动党主席金日成、越南共产党主席胡志明、日本首相田中角荣、美国总统尼克松等。

（三）天安门：新中国的象征

天安门是中华人民共和国的象征。曾是明清两代皇城正门的天安门见证了从封建王朝覆灭到新中国诞生的历史。在中国现代历史上，天安门前曾经发生过多次具有深远影响的重大事件。它见证了五四运动等一系列反帝反封建的爱国斗争，是中国人民革命斗争的重要场所。

开国大典在天安门（广场）举行后，天安门成为中华人民共和国的象征性建筑。昔日封建帝王金凤颁诏之地回到人民手中，旧貌变新颜。新中国成立70多年来，诸多国家重大庆典活动都是在天安门（广场）举行的。天安门（广场）成为人民掌握国家政权的象征，像一座不朽的时代丰碑，成为全国人民向往和全世界瞩目的地方。

1949年10月1日，开国大典在天安门广场隆重举行（新华社　提供）

四、奠基立业和人民当家作主的光辉足迹

奠基立业与人民当家作主阶段的红色地标包括中南海、毛主席纪念堂、人民英雄纪念碑、八宝山革命公墓、中国人民革命军事博物馆、中国国家博物馆、全国政协礼堂、人民大会堂等。它们反映了中国共产党在奠基立业阶段注重红色文化建设与历史传承，是党带领中国人民进行社会主义建设的生动写照，是实现人民当家作主的象征性建筑。

（一）中南海：全国政治决策机关的中枢

中南海曾是皇家禁苑。随着北平和平解放特别是新中国的成立，中南海由过去封建王朝的皇家禁苑，变为人民政权的政治中心。作为全国政治决策机关的中枢，党和国家的很多大政方针政策在这里形成并发布。毛泽东等党和国家领导人搬进中南海办公，运筹帷幄，领导全党、全军和全国各族人民进行艰苦卓绝的英勇斗争，为创建新中国、恢复经济、建设社会主义强大国家而夙夜在公，勤勉工作，留下了艰辛探索的光辉足迹，在中华民族伟大复兴的历史进程中书写了光辉灿烂的新篇章。

作为最高政治权力的象征和代名词，中南海现在是中国共产党中央委员会、中华人民共和国国务院等党和国家机关办公所在地。

（二）毛主席纪念堂：缅怀以毛泽东为代表的老一辈无产阶级革命家光辉伟业的重要场所

毛主席纪念堂是以毛泽东为核心的党的第一代革命领袖集体的纪念堂，展示了老一辈革命家的光辉业绩。一层瞻仰厅是瞻仰毛泽东遗容的地方。二层有毛泽东、周恩来、刘少奇、朱德、邓小平、陈云革命业绩纪念室，反映老一辈无产阶级革命家在中国革命和建设各个时期的光辉业绩。纪念堂南北门外两侧各矗立两组巨型群雕，生动呈现中国人民在中国共产党领导下进行英勇斗争，夺取革命胜利，建设社会主义的光辉历史，表达了全国各族人民继承领袖遗志，建设社会主义现代化国家的坚定信心。

毛主席纪念堂建成之后，成为人们缅怀以毛泽东为代表的老一辈无产阶级革命家光辉伟业的重要场所，也是对广大人民群众特别是青少年进行革命传统教育、爱国主义教育的重要基地。

（三）人民英雄纪念碑、中国人民革命军事博物馆、人民大会堂：象征新中国人民当家作主的雄伟建筑

人民英雄纪念碑、中国人民革命军事博物馆、人民大会堂，这3个北京红色地标的名称都包含“人民”二字，是缅怀革命先烈、铭记党的历史、展现建设成就的标志性建筑，蕴含了中国人民伟大的抗争精神和家国情怀，彰显了人民群众是推进自身解放与实现历史进步根本力量的事实。

其中，人民英雄纪念碑是为纪念近代以来在民族独立和人民解放斗争中牺牲的人民英雄而建立的，是举办国家公祭仪式的庄重之地，是全国人民心中的一座历史丰碑。中国人民革命军事博物馆是反映中国共产党领导军事斗争历程、中华民族军事历史的国家大型综合性军

1958年5月落成的人民英雄纪念碑（新华社　提供）

事博物馆。它展示了人民军队在党领导下不断取得胜利的辉煌历程，是反映新中国军事建设和发展成就的重要阵地，是弘扬革命精神、歌颂人民军队丰功伟绩、进行爱国主义教育和国防教育的重要基地。人民大会堂则是为庆祝中华人民共和国成立10周年而修建的北京十大建筑之一。它是全国人民代表大会的会议场所及其常务委员会的办公场所，是党、国家和各人民团体进行重大政治、外交、文化活动的场所。

（四）中国国家博物馆：国家最高历史文化艺术殿堂

中国国家博物馆是全面系统完整展现中华优秀传统文化、革命文化和社会主义先进文化的综合性博物馆，也是世界上单体建筑面积最大的博物馆。

作为象征中华民族文化的“祖庙”，中国国家博物馆融收藏、展览、研究、考古、公共教育、文化交流为一体，展现中华民族5000多年灿烂辉煌的文明进程，彰显鸦片战争以来无数仁人志士为了民族独立、国强民富而艰辛探索的历史。中国国家博物馆对弘扬中华民族悠久灿烂的历史文明，继承中国人民英勇不屈的革命精神，为爱国主义教育和革命传统教育发挥着重要作用。

第二节　红色遗址遗迹

红色遗址遗迹是中国共产党人在各种活动中遗留下来的具有红色教育意义的历史痕迹，包括红色旧址、红色故居、红色纪念地等。北京红色遗址遗迹是党领导北京（平）人民进行革命斗争的历史见证，是北京红色文化不可移动的物态写照，是弘扬红色文化、培育和践行社会主义核心价值观的深厚滋养。

一、红色旧址

红色旧址是指中国共产党领导人民群众进行新民主主义革命斗争的某个组织机构或建筑遗址。北京的红色旧址主要包括《新青年》编辑部、京报馆、平民通讯社、国民抗日军起义地、平津战役前线指挥部、五里桥北平和平解放谈判地以及建有党组织的部分大中学校等旧址。可以说，党的创建和大革命时期、土地革命战争时期、全民族抗战时期和解放战争时期，北京都有代表性的红色旧址，具有物态见证完整的特点。

（一）报刊、通讯社、电台类旧址

《新青年》编辑部旧址位于东城区箭杆胡同20号。陈独秀应蔡元培聘请担任北京大学文科学长，由他创办并主编的刊物《新青年》同时迁至北京出版。面对封建文化的禁锢和西方文化的涌入，以陈独秀、李大钊、胡适、鲁迅等人为代表的一批先进分子以《新青年》杂志为平台，发起了新文化运动。他们高举民主与科学的大旗，唤醒了民众的觉悟，对中国共产党的创建起到思想启蒙作用。

京报馆旧址在西城区魏染胡同30号、32号。《京报》是北洋政府时期在北京出版的进步报纸，由邵飘萍1918年创办。1919年，因载文反对曹汝霖亲日卖国行为被查封。1920年复刊后，出版过“列宁专刊”和“马克思纪念特刊”，介绍社会主义理论。1925年五卅运动期间，曾刊出“打倒外国强盗帝国主义”的口号。《京报》对制造三一八惨案的皖系军阀进行了猛烈抨击。1926年4月26日，邵飘萍被奉系军阀杀害，《京报》被迫停刊。

平民通讯社是五四运动时期以群众团体名义创办的政治性民间通讯社，在1919年至1920年在驱张运动①中成立，由毛泽东主持创办，社址设在福佑寺内（位于北长街20号）。在此，毛泽东通过创办平民通讯社，做驱张的舆论宣传，联络在京的湖南学生和知名人士汇入驱张洪流。由平民通讯社组织的北京地区驱张斗争取得了良好效果。

中共北平地下电台为中共中央和晋察冀中央局领导机关及时掌握北平城内的敌我情况发挥了重要作用。该电台成立于1947年2月，隶属中共北平地下党学委，由崔月犁领导，李雪负责技术指导和日常工作。在秘密电台工作的地下党员，严格遵守地下工作纪律，机智勇敢地战斗在敌人严密统治下的城市里，有力地配合了解放战争的推进，为北平和平解放做出了重要贡献。

（二）重大革命斗争事件类旧址

新民主主义革命时期各个历史阶段，北京（平）都有影响全国的重大革命事件，留有卢沟桥和宛平城、平津战役前线指挥部旧址、五里桥北平和平解放谈判地旧址等红色旧址。

在抗日战争中，北平具有独特的历史地位：一二·九运动，掀起了抗日救亡的高潮；卢沟桥事变，揭开了全民族抗战的序幕；平郊抗日根据地，是具有战略意义的基地。在奋勇抗战的过程中，北平留下了樱桃沟一二·九运动纪念地、卢沟桥和宛平城、国民抗日军起义地旧址、冀热察挺进军司令部旧址等红色旧址。

卢沟桥位于北京城西南郊，桥西有乾隆手书“卢沟晓月”碑，桥

① 驱张运动是指1919年湖南人民在毛泽东、彭璜、何叔衡等人的领导下开展的驱逐时任湖南督军兼省长的皖系军阀张敬尧的斗争。同年9月，毛泽东组织新民学会会员，联络教育界、新闻界人士，开始驱张运动。他们发布“张毒一日不清，学生一日不返校”的驱张宣言，12月6日实行总罢课。随后组织驱张代表团，由毛泽东、彭璜、何叔衡、夏曦等人率领，分赴北京、上海、衡阳、广州等地，展开声势浩大的斗争。

上有形态各异的石狮子。1937年7月7日夜，侵华日军在此制造震惊世界的卢沟桥事变。中国守军奋起抗击，全民族抗战从此开始。卢沟桥从此成为中华民族不屈不挠、抵抗外侮的不朽象征。卢沟桥见证了全民族抗战的爆发，彰显着“天下兴亡、匹夫有责的爱国情怀，视死如归、宁死不屈的民族气节，不畏强暴、血战到底的英雄气概，百折不挠、坚忍不拔的必胜信念”①。国民抗日军起义地旧址位于昌平城西20多公里的五峰山下。国民抗日军又称“红蓝箍”②，曾奇袭德胜门外第二监狱，震惊盘踞北平的日军，极大地鼓舞了各界爱国同胞的抗日热忱。

抗战胜利给北平民众带来的喜悦是短暂的。国民党对北平的接收变成“劫收”。共产党秉持人民至上的伟大情怀，带领北平人民翻身解放、保护古迹、追求和平；践行实事求是的思想作风，采取敌变我变、机智灵活、团结对敌等斗争策略；发扬爱国进步的光荣传统，追求进步和正义，展现民族大义的爱国情怀；彰显不屈不挠的伟大斗争精神，誓死坚持把革命进行到底，坚定革命必胜信念，彻底解放北平人民。在这一伟大斗争中，留下了平津战役前线指挥部旧址、五里桥北平和平解放谈判地旧址等红色遗址。

其中，平津战役前线指挥部旧址位于通州城东北约6.8公里处的宋庄村。1949年1月12日，由中国人民解放军东北野战军与华北野战军组成的平津战役前线司令部作战办公室从天津蓟县移驻此地。五里桥北平和平解放谈判地旧址位于朝阳区常营乡五里桥村张家大院。解放军平津前线司令部领导人与国民党华北“剿总”总司令傅作义的代表在这里进行和平解放北平的谈判，和平解放北平的协议就是在这里达成的。五里桥村成为北平和平解放这一重大历史事件的见证地。

---

① 习近平：《在纪念中国人民抗日战争暨世界反法西斯战争胜利69周年座谈会上的讲话》，《人民日报》2014年9月4日第2版。

② 1937年初，流亡在北平的东北抗日义勇军成员赵侗、高鹏、纪亭榭等人，秘密筹划建立抗日武装。9月5日，抗日军在北平西郊三星庄村召开大会，打出国民抗日军的旗子，还向全体战士颁发红、蓝两色的袖标。

北平和平解放，使这座历史悠久的名城免遭战祸，历史文物古迹得以完好保存，为新中国首都的建设奠定了基础，“北平方式”，成为中国人民解放战争史上的一个光辉典范。

（三）红色学府类旧址

北京（平）学府尤其是北京大学、国立北平师范大学、清华大学、蒙藏学校等著名公立学府，是进步思想文化的高地。它们对时代的变动反应更为敏感，争取民主、自由、平等、人权的决心更坚决、更持久。所以，在历次学生掀起的反帝反封建爱国运动和进步文化运动的潮头，北京（平）地区的这些著名学府能够以革命的、战斗的、启蒙的和先进的学府文化引领全国先进的革命文化发展，并多次成为全国性爱国民主运动的领头羊。

其中，始建于1898年的北京大学是近代中国新式教育的发祥地。北京大学在中国走向现代化的进程中起到重要先锋作用。爱国、进步、民主、科学的精神，勤奋、严谨、求实、创新的学风，在这里生生不息、代代相传。中国共产主义运动的先驱李大钊，以博学多识、思想敏锐而成为北大新派的领袖。在他的启蒙和影响下，北大出现了一批热心学习和研究马克思主义的革命青年。

清华大学的前身清华学堂，始建于1911年，坐落于北京西北郊风景秀丽的清华园，蕴含着“行健不息”的自强精神。清华大学多次参与重要学生运动，经历过挫折牺牲与离散流亡，但是始终能够人才荟萃、连绵不绝，为革命斗争不断输送着新鲜的血液。国立北平师范大学位于今西城区南新华街，其前身京师大学堂师范馆始建于1902年，秉承“爱国进步、诚信质朴、求真创新、为人师表”的优良传统和“学为人师，行为世范”的校训精神，始终同中华民族争取独立、自由、民主、富强的进步事业共命运，在五四、一二·九等爱国运动中发挥了重要作用。此外，蒙藏学校位于西单小石虎胡同33号，创建于1913年。蒙藏学校是组织少数民族青年进行革命活动的重要基地。

燕京大学、中国大学、辅仁大学、中法大学等私立大学，也都具有光荣的革命传统。这些红色学府里，活跃着一支支主要由进步教师和学生组成的爱国民主力量。他们在反对帝国主义、封建主义的政治压迫和反对文化专制的文化运动中发挥了重要作用。大革命时期，进步师生与北洋政府的反动统治和文化专制激烈抗争，与帝国主义干涉中国主权的强盗行径无畏搏斗。抗战时期，他们坚守民族气节，抵制奴化教育，部分师生投笔从戎，血洒疆场。随着北平和平解放，他们又投身到建设新中国的历史洪流之中。

其中，燕京大学是由美国及英国基督教教会联合在北京开办的教会大学之一，创办于1919年。燕京大学创办之初，为适应潮流，制定了“使燕京大学中国化”的办学宗旨，同时聘请了许多高水平的教师任教。

中国大学位于大木仓胡同37号，由民主革命的先行者孙中山于1912年倡办，初名国民大学，早期校址位于前门内西城根愿学堂。中国大学创办之初，为完成国民革命大业，致力于培养强国富民人才。五四运动期间，中国大学学生率先参加五四运动。中国共产党成立后，中国大学建立了党支部。在北京历史上的反帝反封建斗争中，中国大学一直走在前列。以李大钊、李达、吴承仕、杨秀峰等为代表的一批“红色教授”在学校传播马克思主义。中国大学培养了以李兆麟、白乙化、董毓华、段君毅等为代表的一大批民族英雄和国家栋梁。

辅仁大学旧址位于定阜街路北1号，是在中国现代高等教育史上占有重要地位的一所天主教大学，主要由英敛之、马相伯等人发起创建。1926年1月英敛之逝世后，校务开始由陈垣①主持。1947年，辅仁大学建立中共地下支部。至北平解放前夕，在校的党员有30余人，民主青年联盟盟员40余人。许多知名教授进入辅仁大学任教，如萨本栋、杨成章、高步瀛、顾随、张子高、袁翰青等。抗战时期的辅仁大学是沦陷区爱国青年向往之地。解放战争时期，辅仁大学曾开展过

① 陈垣（1880—1971），广东新会人。1926年至1952年任辅仁大学校长。

反对增加煤火费运动、抗议美军暴行运动、“反饥饿、反内战”运动。

中法大学位于今东城区东黄城根北街甲20号，前身是民国初期留法勤工俭学会创办的法文预备学校，校长是蔡元培。以陈毅为代表的一批优秀青年在这里成长成才，以贝熙叶为代表的法国人士参与对日斗争。在战火纷飞的年代，中法大学将法式教育制度理念引入中国，担当着中法两国交流的重要桥梁，为中法人文交流及中国文化、科技的进步做出了不可磨灭的贡献。

此外，还有得到革命先驱李大钊关怀和扶植的京师公立第一女子中学，为保护革命后代和烈士遗孤安全、培养教育革命第二代而建立的北京市八一学校等，以其亮丽的革命底色、焕然的青春风采载入史册，蕴含着丰富厚重的红色学府文化。

通过上述实例可以看出，五四运动以后，中国共产党领导的北京（平）各大中学校爱国民主运动，在新民主主义革命中具有不可替代的重要地位。进步学府中的红色文化是北京红色文化的重要组成部分。红色学府里的广大师生，以顽强的革命意志与伟大的家国情怀开展了一系列进步活动，坚持不懈地反对帝国主义、封建主义的政治压迫和文化专制，积极倡导与参加以争取民族独立、政治民主、人身自由、人权平等为目标的革命文化运动，与波澜壮阔的新民主主义革命和社会变革进步的步伐同频共振，是中国革命文化的一支生力军和突击队，是引领伟大革命斗争精神、践行时代使命、担当历史重任的前锋。

二、红色故居

红色故居主要是指中国共产党人及其影响下的先进分子曾经生活过的住所。其中，李大钊故居位于西城区新文化街文华胡同24号。李大钊在此居住期间，与邓中夏、高君宇等为建立共产党组织做了思想和组织上的准备。之后，他发动和组织工人运动，宣传马克思主义理论，创办通俗革命刊物《劳动音》，开办劳动补习班，成立京汉路长辛店铁路工人会。他又与共产国际代表商讨创建中国共产党的问题，并积极进行筹备。在中国共产党宣告成立后，他代表党中央指导北方党组织开展工作，领导京汉铁路二七大罢工等。李大钊故居蕴含着十分丰厚的红色文化元素，是李大钊传播马克思主义、创建中国共产党、领导北方工人运动、促成第一次国共合作等一系列革命实践活动的历史见证地。

新中国成立之前，毛泽东在京居住地主要有4处，包括今东城区旧鼓楼大街豆腐池胡同15号、景山东街吉安所左巷8号，西城区北长街20号福佑寺和海淀区香山双清别墅。随着党中央机关由西柏坡迁到北平香山，双清别墅成为毛泽东暂时居住、办公的地方。在香山期间，他签发了《向全国进军的命令》，指挥渡江战役，会见各民主党派代表人物，发表《论人民民主专政》等文章，筹备建立新中国。刘少奇在京居住地有两处，包括今西城区南四眼井胡同10号（已拆除）和新文化街207号（已拆迁改建）。在这里，他夜以继日地辛勤工作，写下了不少指导白区斗争的重要文章，推动了全国各阶层人民群众的抗日救亡运动。在卢沟桥事变爆发前夕，刘少奇离开北平前往延安。

此外，还有中华人民共和国名誉主席宋庆龄故居，位于风景秀丽的后海北沿46号。这里曾作为清代达官显贵的府邸花园，其本身就具有很高的建筑艺术价值。1963年至1981年宋庆龄在此居住的18年中，处理公务、关爱儿童等，赋予故居以独特的社会与历史价值。

北京红色故居，承载着无产阶级革命家、中国共产党主要创始人、党和国家重要领导人的革命斗争历史，是传承和弘扬红色文化的重要场所。

三、红色纪念地

在新民主主义革命的各个历史时期，北京均留下了中国共产党领导革命斗争的红色纪念地，造就了北京红色遗存的独特地位。北京红色纪念地主要包括李大钊烈士陵园、圆明园三一八烈士公墓、樱桃沟一二·九运动纪念地、白乙化烈士纪念馆、宛平县八年抗战为国牺牲烈士纪念碑、平西抗日烈士陵园、北京西山无名英雄纪念广场、八宝山革命公墓等。

其中，李大钊烈士陵园位于海淀区香山万安公墓。李大钊被捕后，坚贞不屈，任凭敌人威逼利诱，始终严守党的秘密。他在革命中展现出的大无畏精神，勇于追求真理、敢为人先的精神永远激励着后人。

宛平县八年抗战为国牺牲烈士纪念碑位于门头沟区斋堂镇九龙头，镌刻着宛平县光荣牺牲的472名烈士的英名、职务及出生地。平西抗日烈士陵园位于房山区十渡镇，包括平西抗日烈士纪念碑亭、平西抗日战争纪念馆、烈士碑林等烈士纪念建筑设施。北京西山无名英雄纪念广场是为缅怀20世纪50年代牺牲于台湾的中共隐蔽战线无名英雄而建。广场设置《忠魂》《光影》《家国》《信义》《追梦》等板块，讴歌大批无名英雄为亲人不再蒙受苦难，选择远行，浴血战斗，追求光明与和平的英雄事迹。

还有一些红色纪念地，是为铭记某一重大历史事件而建立的。其中，圆明园三一八烈士公墓位于九州清晏殿遗址，是1929年为纪念三一八惨案中牺牲的多位烈士而建立的，当时入葬22人。樱桃沟一二·九运动纪念地位于北京植物园内，由一二·九运动纪念亭、《保卫华北》和《收复失地》石刻、《不平静的书桌》《与历史对话》《青年服务国家》雕塑等组成。白乙化烈士纪念馆位于密云区石城镇河北村，是为纪念八路军晋察冀军区10团团长白乙化而建立的。白乙化在与日军战斗中壮烈牺牲，纪念馆位于其牺牲地降蓬山下。

八宝山革命公墓主要用于安葬已故党和国家领导人、民主党派领导人、爱国民主人士、著名学者、革命烈士以及国际友人等。墓区里有毛泽东、周恩来、朱德、董必武、徐特立、何香凝、杨尚昆、黄炎培、郭沫若、赵朴初、启功等众多历史人物及书法大家的碑文题词，极具价值。八宝山革命公墓作为最高规格的国家公墓，是中国共产党历史的一个缩影，更是进行革命传统教育的重要场所，教育后人牢记革命先烈的光辉事迹和伟大精神。

四、其他纪念设施

北京地区其他纪念设施包括火烧赵家楼遗址、五四纪念碑、孙中山纪念堂等。它们也都是北京（平）人民革命斗争历史的真实写照。

火烧赵家楼遗址位于东城区前赵家楼胡同1号，因五四运动中的火烧赵家楼事件而闻名中外。五四纪念碑位于新街口外大街19号北京师范大学校园内，碑文记录了北京师范大学的前身——北京高等师范学校和北京女子高等师范学校的爱国师生在五四运动中的壮举。

中国共产党成立以后，在伟大的新民主主义革命斗争实践中，国共两党一度合作，开展北伐，推动革命洪流涌向全国。在这一过程中，遗留下来孙中山纪念堂。孙中山纪念堂位于海淀区香山碧云寺内，为纪念中国民主革命先行者孙中山而建，彰显了孙中山的崇高品质和伟大的革命精神。

第三节　可移动红色文物

红色文物是中国共产党人在奋斗进程中留下来的宝贵的历史文化遗产，包括可移动的红色文物和不可移动的红色文物。北京地区可移动红色文物，包括红色文献、红色艺术品、其他红色文物三大类。它们是北京红色文化可以移动的物态写照，体现着党的本质属性、核心价值，彰显了中国共产党领导北京（平）人民进行艰苦奋战的革命精神。

一、红色文献

北京地区红色文献种类繁多，是中国共产党人进行浴血奋战的革命实践和艰苦卓绝的建设实践的历史记录。党创建前后，有《新青年》《晨报》《京报》《每周评论》《劳动音》《工人周刊》《先驱》等，对批判落后文化、传播马克思主义发挥了极其重要的作用。大革命时期，有《政治生活》《语丝》《莽原》《蒙古农民》《猛进》等，抨击了反动统治，声援了爱国运动。土地革命战争时期，有《北方红旗》《北方青年》《文学杂志》《燕大周刊》《清华周刊》《北平文化》《学联日报》《长城》等，冲破了国民党文化"围剿"，推动了反蒋抗日政策的宣传。全民族抗战时期，有《挺进报》《救国报》《黎明报》《海燕》等，推动了抗日斗争，指明了革命前行的道路。解放战争时期，有《平津晚报》《国光日报》《人言周刊》《解放》《燕京新闻》《北大半月刊》《辅仁通讯》等，对开辟第二条战线、迎接红色黎明起到很大的推动作用。新中国成立前后，有《人民日报》（北平版）、《北平解放报》、《人民晚报》、《光明日报》、《工人日报》等，重塑出版体系，为人民政权建设提供思想保证与舆论支撑。

其中，《新青年》是中国现代革命史上的重要杂志之一，主要撰稿人有陈独秀、李大钊、鲁迅、胡适、钱玄同、刘半农等。前期主要宣传科学与民主，反对封建专制，主张文学革命，反对文言文，提倡白话文，成为新文化运动的重要阵地。中国共产党成立后，成为党中央的理论刊物。《每周评论》以“主张公理、反对强权”为办刊宗旨，采取小型报纸的形式，是由陈独秀、李大钊创办并负责编辑工作，主要撰稿人还有高一涵、王光祈、张申府、周作人等。它和《新青年》互相补充，并肩战斗。它一直坚持反对军阀和帝国主义的政治鼓动，宣传反封建的文化思想，介绍社会主义思想，报道俄、德、匈等国社会主义革命与殖民地民主革命，为五四运动做了重要的准备工作。《劳动音》是北京的共产党早期组织创办的指导工人运动的通俗周刊，主要编辑有邓中夏、黄凌霜和罗章龙。该刊以提高工人觉悟、促进工人团结、推动工人运动为宗旨，主张共产主义知识分子必须积极从事工人运动，进行启发教育、组织指导工人的工作。该刊一度成为北京工人革命的旗帜。《政治生活》是中共北京区委机关刊物，赵世炎、范鸿劼等任主编，高君宇任编辑。该刊辟有《评论》《特载》《杂感》《读者之声》《这一周》等栏目，以刊登时事政论为主，以“领导全国国民向奋斗反抗的政治生活走”为办刊使命。该刊及时传达北京区委精神，指导革命运动深入发展。《先驱》是中国社会主义青年团的第一份机关刊物，由刘仁静、邓中夏等先后担任主编，主要读者对象是青年学生和一般知识分子，并致力于唤醒国民的觉悟，以研究中国的客观实际、探索解决问题的方法为根本任务，以大量篇幅介绍马克思主义理论。

在国民党统治区，《北平解放报》是继重庆《新华日报》之后公开发行的第二家中国共产党党报，它打破了国民党反动派操纵舆论、欺骗北平人民的局面。在《北平解放报》影响下，众多民众逐步了解共产党以及解放区，不少青年最终走上革命道路。而《国光日报》是解放战争时期中共北平地下党领导的进步报纸，由进步人士窦芥青（窦希民）主持创办，辟有《青年生活》《文化生活》《现代》《艺术》《教育》等栏目。《人民日报》（北平版）积极宣传中国共产党的主张和决策部署，及时传播国内外的重大信息，为党团结带领人民夺取革命与建设等伟大胜利发挥了喉舌作用。

一些著名学府也创办了红色刊物。这些红色文献成为红色学府师生宣传党的主张、反帝反封建的重要阵地。正是这些进步刊物的日益壮大，促进了新文化运动的蓬勃发展，推动了革命洪流涌向全国。

其中，《北京大学日刊》是中国第一家高校校报，设有《命令》《法规》《校长批示》《纪事》《通告》《公牍》《通信》等栏目。兼容并包是蔡元培办学的指导思想，也是《日刊》的特色，新旧两派的声音都可以通过刊物发出。该刊创建不足20年就停刊了，但它开创了中国高校校报新纪元。清华学子创办的《清华周刊》，也是在国内外文化界和学术界有过重要影响的大型综合性学术刊物。其发刊宗旨是“求同学之自励，促三育之进步，以光大吾校固有之荣誉，培养完全之国民性格，为本刊惟一天职”。《清华周刊》初期只是记录和评论校园的小报，经过五四运动、一二·九运动逐渐发展为重要的进步学生刊物。

还有些红色文献是左翼人士翻译的作品。这些作品原本是国外学者研究和宣传中国革命的书籍，为人们认识中国共产党及其领导的伟大革命提供了全新视野。其中，《外国记者西北印象记》由埃德加·斯诺著，左翼人士王福时、郭达、李放、李华春翻译出版，是中国第一部报道陕甘宁边区真实情况的图书。文章有埃德加·斯诺写的《毛斯会见记》《红党与西北》《红旗下的中国》，以及艾格尼丝·史沫特莱写的《中日问题与西安事变》等。这些文献通过埃德加·斯诺等外国记者客观公正的报道，揭开了举世无双的红军长征的真相，揭穿了国民党散布的红军是“流寇”的谎言，在日本准备发动全面侵华战争的危急时刻，及时宣传了中国共产党抗日民族统一战线的主张。这对当时人们正确认识中国共产党和中国红军起到了重要作用。

北平解放后，中国共产党相关部门以及民主党派创办了一些报刊杂志，对宣传共产党的政策、团结各阶层知识分子、建设新北平（京）做出了重要贡献。其中，《北京日报》是在中共北京市委直接领导下于1952年10月1日创办的，系统宣传党和人民政府的方针政策，大力报道北京市政治、经济、文化、社会等方面情况，积极反映北京市广大人民群众的呼声。同时，《北京日报》还着力收集与传播生产知识和工作经验，为各项建设事业提供政策宣传和思想支撑。《光明日报》以知识分子为主要读者群，因此受到中国共产党领导人和民主人士的普遍关注。

总之，北京红色文献在党组织的创立、建设和发展过程中，发挥了宣传员和组织者的作用。新民主主义革命时期，这些红色文献推动了新文化运动的发展，推动了革命文学的发展，开传播马克思主义之先河，是中国共产党领导人民取得革命胜利的重要武器。此外，通过创办这些红色文献，广大新闻工作者积累了在极为恶劣环境下从事报刊文献出版的宝贵经验，为新中国报刊事业的发展奠定了基础。

二、红色艺术品

北京是一座历史文化名城，也是一座具有光荣革命传统的城市。辉煌的红色历史孕育了璀璨的红色文艺。红色文艺从本质上讲，就是人民的文艺。北京地区红色艺术品是指在中国共产党领导或影响下的文学艺术工作者及文艺爱好者创作的作品，以革命历史题材为主，一般具有革命情怀、民族风格，为人民群众喜闻乐见。

北京地区红色艺术品主要有木刻、标语、国徽、国旗、油画、浮雕、纪念章、宣传画、摄影作品等，包括平津革命木刻版画、国民党第29军军事训练团纪念章、抗议美军暴行游行标语、中华人民共和国国徽、中华人民共和国国旗；《开国大典》《祖国万岁》《主席走遍全国》《北平解放》《天安门前》等红色美术作品；《八路军战斗在古长城上》《北平入城式》《开国大典》等红色摄影作品。这些红色艺术品具有记录历史真实、立足斗争现实、厚植红色精神等特点，具有鲜明的政治性、时代性和人民性。它们象征的含义十分丰富，有的反映中国共产党为寻求国家出路而进行的反帝反封建的伟大斗争，有的反映新民主主义革命的伟大胜利和人民当家作主的崭新时代开启。

新型木刻版画随着抗日救亡运动而兴起。1935年1月1日，由平津木刻研究会发起组织的“全国木刻联合展览会”在北平太庙(今劳动人民文化宫)开幕。艺术家将抗战期间的所见所想展现在版画之上，表达抗战决心、坚强斗志和必胜信念，形成别具特色的“抗战版画”。很多版画艺术家都曾在解放区生活和学习，他们用刻刀记录了解放区真实的军民生活，其作品很受民众喜欢。与20世纪开始的中国新兴木刻相比，有了很大进步，对于新中国美术的发展也有着积极的影响。

抗战时期，北平地区产生的大量摄影作品，留下北平地区抗日全纪实式的直观影像资料，厚植了伟大的抗战精神。其中，1937年秋，沙飞拍摄的《八路军战斗在古长城上》，是反映中国人民抗日斗争题材的代表性图像之一。1939年，罗光达拍摄的《英勇卫士》，是他到晋察冀抗日根据地一年后的作品，刻画了一个刚强不屈的八路军战士形象。还有1940年石少华拍摄的《儿童团》，是他初到冀中前线的作品，表现了两名儿童团团员的勃勃生气，也让这群“小八路”的形象顿时高大起来。

解放战争时期，青年学生设计并制作了一系列抗议美军暴行的游行标语。他们高呼“严惩肇事美军”“美军撤出中国”“维护主权独立”等口号。游行沿途的墙上、树上、汽车等均贴上了标语。在这些标语的影响下，许多市民自发地参加游行，进而把抗暴运动推向全国。抗议美军暴行游行的标语是青年学生开展爱国运动、揭露美军在北平地区暴行的历史见证。

北平解放是中国现代革命历史进程中的重大事件，画家叶浅予创作的《北平解放》，表现了北平解放之际，人民子弟兵进城，万众欢腾的热烈场面。在摄影作品中，高粮拍摄的《北平入城式》，展现了解放军机械化炮兵部队通过前门大街的情景，反映了解放军进入北平城的盛况。

1949年2月3日，人民解放军在万众欢呼中进入前门大街（新华社　提供）

北平解放后，有一些艺术品象征了北平的解放与新中国的成立，彰显了人民当家作主的盛况。其中，国徽是中华人民共和国的标志之一。国徽上的天安门图案，象征我们伟大的祖国，象征中国人民的革命传统，象征我们新的民族精神；齿轮、麦穗图案，象征工人阶级与农民阶级；国旗上的五星，象征中国共产党领导下的中国人民大团结。国徽是共同协商、创新设计的结晶，并在毛泽东的领导下由全国政协会议表决通过①。

国旗是北平和平解放后在党的领导下经过公开征稿、广大文艺工

① 为了设计新中国的国徽，当时专门发出征稿启事。国徽征稿启事发表后的1个多月时间里，新政协筹备会第六小组共收到应征国徽稿件112件、图案900幅。同时，受党中央之命，清华大学和中央美术学院分别成立国徽图案设计小组。1950年6月23日，在全国政协一届二次全体会议上，毛泽东主持通过决议，同意国徽审查小组的报告和所拟订的国徽图案，并形成《中华人民共和国国徽图案及对设计图案的说明》，建议确定清华大学国徽设计小组设计的图案为国徽图案。

作者积极参与设计、全国政协会议表决通过的红色艺术品。1949年6月，新政治协商会议筹备会在北平召开。该会所担负的筹备任务，就包括制定新中国国旗。在广泛征稿[①]与周密讨论的基础上，最终将五星红旗作为新中国国旗唯一入选图案。旗面的红色象征革命，旗面左上方1颗大五角星代表中国共产党，4颗小五角星代表当时中国人民所组成的4个阶级，即工人阶级、农民阶级、城市小资产阶级和民族资产阶级。每颗小星各有一尖正对大星的中心点，表示中国共产党领导下的革命人民大团结和以工农联盟为基础的人民民主专政政权。旗上的5颗五角星及其相互关系象征中国共产党领导下的革命人民大团结，五角星用黄色是为在红地上显出光明。

此外，作为中华人民共和国成立的艺术表现与图像见证，油画《开国大典》是董希文1953年创作的，表现了1949年10月1日毛泽东宣布中华人民共和国成立的历史瞬间，成为“开国大典”题材绘画的经典之作。而《祖国万岁》是齐白石于1955年为庆祝国庆而作，表现了国庆期间庆祝活动的热烈场面。向国庆10周年献礼作品《首都之春》，开创新中国成立以来山水长卷之最，是表现首都时代风貌、具有重要历史文献价值的典范之作。《主席走遍全国》是画家李琦于1960年创作的代表作，真实反映了毛泽东作为党和国家领袖，全心全意为人民服务的优秀品质，成功展现了一代伟人“走遍全国”调查研究、运筹帷幄的气质，堪称相关题材中的经典力作。

在摄影作品中，陈正清、侯波等拍摄的《开国大典》，堪称当时红色摄影的代表性作品，具有非凡的新闻价值和永恒的历史意义，也为后来其他艺术领域的重要创作奠定了影像材料基础。

① 1949年7月和8月，新政协会议筹备会通过的《征求国旗、国徽图案及国歌词谱启事》先后在《人民日报》《北平解放报》《大众日报》《解放日报》《新华日报》等大报纸上连续刊登。截至1949年8月20日，全国政协第六小组总计收到应征国旗图案2992幅。

三、其他红色文物

北京地区红色文物还包括红色文学作品、音乐作品、舞蹈作品、民间文艺、电影作品等。其题材丰富、分布广泛、内容深厚、形式多样，为人民群众喜闻乐见，并不断被传播和弘扬，培育了人民大众独特的红色文化欣赏品位。具体来讲，主要包括红色文学、红色戏剧、红色音乐、红色舞蹈、红色电影等类别。

其中，北京红色文学主要包括《骆驼祥子》《谁是最可爱的人》《回延安》《组织部来了个年轻人》等。北京红色戏剧主要包括歌剧《长征》，话剧《明朗的天》《战斗里成长》《万水千山》，京剧《白毛女》等。北京红色音乐主要包括《义勇军进行曲》《没有共产党就没有新中国》，交响诗《人民英雄纪念碑》等。北京红色舞蹈主要包括大歌舞《人民胜利万岁》、歌剧《不朽的战士》、音乐舞蹈史诗《东方红》、舞剧《红色娘子军》等。北京红色民间文艺主要包括《"五四"罢课谣》(歌谣)、《十大建筑真漂亮》(歌谣)、《人民大会堂颂》(单弦牌子曲)等。北京红色电影主要包括《青春之歌》《地道战》《龙须沟》《东方红》等。红色文物是革命文化的重要载体。这些红色文物是传承与发扬北京红色文化、彰显伟大斗争精神与探索功绩的重要物态表现，是激发人民爱国热情、振奋中华民族精神的丰厚滋养。

北京地区红色文物还包括长辛店工人俱乐部证章、《中华人民共和国开国纪念》邮票等。这些都生动地反映了中国共产党人领导的艰辛革命斗争以及取得的伟大胜利，具有非常重要的学术价值和政治意义。

其中，长辛店工人俱乐部证章是长辛店工人俱乐部为更好地组织与团结工人，给所有成员制作的一枚证章。证章的中心图案为火车车轮，轮轴处附以鹰翅，它象征着铁路工人在中国共产党领导下组织起来展翅飞腾，勇猛奋斗的精神。而《中华人民共和国开国纪念》邮票是为了纪念中华人民共和国中央人民政府成立这一伟大时刻而发行的第一套纪念邮票，全套8枚（含“东北贴用”[1]4枚）。邮票的图案下部是天安门城楼，城楼前面是接受检阅的坦克方队，城楼上端是毛泽东的头像和中华人民共和国国旗。图案顶部的横幅上写有邮票的主题文字：“中华人民共和国开国纪念”。邮票的图案设计朴素，生动表现了欢庆胜利的热烈气氛。

① 新中国成立之初至1951年初，中国东北地区流通的是东北币，尚未以全国通用的人民币收兑。因此，在这段时间内，发行全国通用邮票的同时，还发行印有“东北贴用”字样的邮票，面值为东北币值，限东北地区贴用。

第四章

精神层面的北京红色文化

精神层面的北京红色文化是指中国共产党领导人民群众在北京（平）地区的革命实践中创造出来的精神财富，具体指的是政治信仰、理论知识、价值取向、道德观念等。就其实质来看，精神层面的红色文化是红色基因与革命精神相融合而形成的厚重文化，其最早表现为“爱国、进步、民主、科学”的五四精神，后来还表现为抗战精神。红色文化精神通过报刊书籍、文艺作品、革命实践等形式表现出来，给人们留下深刻的印象。新时代传承与弘扬这些宝贵的红色精神文化，是对在北京这片土地上成长战斗过的红色先驱的深切缅怀和致敬，是实现中华民族伟大复兴中国梦的有力的精神支撑。

第一节　红色基因与革命精神融合的厚重文化

伟大的实践孕育出伟大的精神，伟大的精神助推伟大的事业。从五四运动前后到新中国成立前夕，北京（平）地区的共产党人不仅带领人民取得了伟大的革命胜利，还铸造了具有丰富时代内涵和独具民族特点的革命精神。精神层面的北京红色文化，是中国共产党北京（平）组织在艰苦卓绝的革命实践中创造出来的精神财富，是红色基因与革命精神高度融合而成的厚重文化，经受了血与火的考验，是中国共产党不断发展壮大的精神力量。

一、中国共产党人的红色基因

红色基因形成于革命战争年代，内涵丰富，是红色文化得以形成和发展的内核。红色基因是中国共产党领导全国各族人民高举马克思主义旗帜，汲取中华民族优秀传统文化营养，历经长期革命、建设、改革实践磨炼筛选，不断孕育积淀升华而最终形成的决定中国共产党人本质特征的独特品质。

在长期革命战争中，中国共产党始终将自己的命运与国家民族的命运紧紧联系在一起，形成了自己特有的红色基因。中国共产党人的红色基因是一个内涵丰富、有着内在逻辑的“基因库”，主要由3个维度组成：一是体现党的性质宗旨和政治本色的部分，主要包括对党忠诚等由党的性质直接决定的内容；二是体现党的精神面貌的部分，主要包括为了保证党的性质宗旨、实现党的奋斗目标而在长期斗争中体现出来的特色基因；三是体现党的科学理论和哲学思想的部分，主要包括体现党的唯物史观和辩证法的思想方法及工作方法方面的基因。

精神层面的北京红色文化包括对党忠诚、维护核心、坚定崇高理想信念、全心全意为人民服务等由党的性质宗旨直接决定的内容；包括永葆艰苦奋斗的政治本色、高度自觉地执行铁的纪律、始终保持昂扬的精神状态、持续改革创新的革命精神等体现党的精神面貌的部分；包括坚持和发展马克思主义、勇于自我革命、坚持党的思想方法和工作方法等体现党的唯物史观和辩证法的思想方法及工作方法方面的基因。

二、伟大厚重的中国革命精神

革命精神是党赖以生存和发展的文化营养及精神食粮，也是精神层面的北京红色文化得以形成和发展的前提性因素。中国革命精神是中国共产党人整体和个体在心理特征、思想情感等方面的综合反映，是中国共产党的党魂。革命实践孕育革命精神，中国共产党革命精神根本上来源于党领导的伟大事业的生动实践。

当然，这种伟大精神的形成也离不开马克思主义的指导。“没有革命的理论，就不会有革命的运动。”[①]马克思主义是中国共产党人认识世界和改造世界的锐利思想武器。伴随革命实践一路走来的革命精神，始终离不开马克思主义的指导。坚定的理想信念是革命实践取得胜利的重要保证，是革命精神的核心要素之一，集中体现了马克思主义的立场、观点和方法。立党为公、执政为民，一切为了人民、一切依靠人民、一切为人民谋利益，是中国共产党革命精神中蕴含的鲜明的群众观念，这一观念体现了马克思主义的根本立场。

中国革命精神集中体现了中国共产党人理想信念、政治立场、思想觉悟、精神风貌、道德品行和工作作风等一系列革命风范。这一精神在不同时期具有不同的表现形式，但中国革命精神各组成部分之间具有同一性，其基本内容与核心价值是一致的。

时代、实践不断发展变化，但不同时期的中国革命精神始终具有深邃而广博的普通内涵。就北京红色文化所蕴含的革命精神而言，主要包括彻底革命的精神、艰苦奋斗的精神、牺牲奉献的精神、实事求

① 《列宁专题文集·论无产阶级政党》，人民出版社2009年版，第70页。

是的精神、自力更生的志气、崇高的爱国情怀、救国救民的担当等。这些精神都贯穿着实事求是的红线，并与为实现共产主义而奋斗这一最终目标衔接在一起。

三、红色基因与革命精神融合锻造的精神财富

在中国共产党领导北京（平）人民进行新民主主义革命斗争的伟大实践中，一批又一批红色先驱前赴后继，用他们的青春和热血推动革命洪流涌向全国，彰显出独具特色的北京红色气质和伟大厚重的红色精神，进而锻造出内涵丰富、意蕴厚重的精神财富。

这些宝贵的精神财富具体包括“爱国、进步、民主、科学”的五四精神，秉持视死如归、宁死不屈的民族气节等抗战精神和践行不忘初心、革命到底的奋斗精神。

在北京红色文化的形成、发展、传播和发扬过程中，这些宝贵的红色精神是凝聚中国共产党人理想、追求、信念、信仰的精神力量，这种力量如同巨大的磁场，吸引着千千万万的先进分子、普通大众，为中国共产党所领导的伟大事业倾情付出。这些宝贵精神激励着一代又一代中国共产党人为实现国家富强、人民幸福而不懈奋斗。

随着中国共产党从领导人民为夺取全国政权而奋斗的党，成为领导人民掌握政权并长期执政的党，红色精神也逐渐成为中华民族精神的主体形式和主要内容。“一个知道自己的目的，也知道怎样达到这个目的的政党，一个真正想达到这个目的并且具有达到这个目的所必不可缺的顽强精神的政党，这样的政党将是不可战胜的。”①中国共产党就是这样不可战胜的伟大政党。

---

①《马克思恩格斯全集》（第三十九卷），人民出版社1974年版，第139页。

1949 年 1 月 31 日，北平和平解放，北平各大学学生热烈欢迎人民解放军入城。图为学生们在街上宣传共产党的政策（新华社　提供）

红色基因与革命精神融合锻造而成的北京红色文化，是中国共产党人经过浴血奋战与抗争而积累下来的传家宝，是中国共产党人特有的宝贵的精神财富，是激励中国共产党人干事创业的重要精神动力，这一厚重的红色文化必将在新时代绽放出更加灿烂的光芒。

第二节 五四精神

“五四运动，孕育了以爱国、进步、民主、科学为主要内容的伟大五四精神，其核心是爱国主义精神。”[①]爱国的精神、进步的呼声、民主的诉求和科学的理念，成为一大批知识分子和工人阶级的共同追求。在五四运动的影响下，北京思想界经历了一次变革的洗礼，一批先进分子选择了马克思主义，并逐渐成长，为中国共产党的诞生准备了人才。

一、爱国精神

爱国是中华民族的优良传统，是中华民族历劫不衰、生生不息的重要文化基因，“是中国人民和中华民族维护民族独立和民族尊严的强大精神动力，只要高举爱国主义的伟大旗帜，中国人民和中华民族就能在改造中国、改造世界的拼搏中迸发出排山倒海的历史伟力”[②]。五四运动自始至终都彰显了忧国忧民的爱国主义精神。

为了救亡图存，北京人民进行了长期顽强的抗争。在五四运动前，主要有太平天国运动、洋务运动、戊戌变法、辛亥革命等。孙中山虽然领导辛亥革命取得胜利，推翻了清王朝，建立了中华民国，但不久中国又陷入北洋军阀的黑暗统治之中，这激起了社会各阶层的不满和反抗。1919年初的巴黎和会，中国虽然是战胜国，但仍然受到列强的欺凌，中国人民长期积蓄的爱国激情再次被点燃，爆发了五四爱国运动。

五四运动时，面对国家和民族生死存亡，一批爱国青年挺身而

① 习近平：《在纪念五四运动100周年大会上的讲话》，《人民日报》2019年5月1日第2版。

② 习近平：《在纪念五四运动100周年大会上的讲话》，《人民日报》2019年5月1日第2版。

1919 年 5 月 4 日，北京学生前往天安门广场集会游行，揭开了五四运动的序幕

出，全国民众奋起抗争，誓言“国土不可断送、人民不可低头”，奏响了浩气长存的爱国主义壮歌[①]。

以北洋政府为代表的反动势力，既对五四爱国运动的爆发感到十分恐惧，又不甘心在爱国学生面前败倒。在被迫释放被捕学生的同时，宣称要将被释放的学生送交法庭讯办。北大校长蔡元培被逼辞职，南下出走。北京各校师生立即掀起了挽蔡斗争。北京学生联合会连续集会，实行罢课，并且联合商界抵制日货。在此情形下，北洋政府又连下两道命令，公然为媚日卖国罪行辩解，诬蔑和取缔学生的爱国运动。反动当局的倒行逆施，激起爱国学生更大的抗争。北京学生联合会向全国各界发出《宣言》，号召坚持抗争到底，彰显出爱国学生不屈不挠的斗争决心。

北京学生的爱国行动遭到镇压的消息传出后，得到了全国各地和社会各界的广泛声援与支持。中国工人阶级也行动起来，投入反帝爱

① 习近平：《在纪念五四运动100周年大会上的讲话》，《人民日报》2019年5月1日第2版。

国斗争的洪流中。五四爱国运动突破了青年学生知识分子的范围，发展成为有工人阶级、小资产阶级和民族资产阶级参加的全国范围的群众爱国运动，斗争的主力逐渐由学生转向工人。五四反帝反封建斗争进入了一个新的阶段。

对外反对帝国主义的侵略，对内反对军阀政府统治、争取民主，是五四运动的两项主要任务。五四运动的胜利打破了辛亥革命后中国政治一度出现的沉闷气氛，以辛亥革命所不曾有的姿态展开了彻底的不妥协的反对帝国主义和封建主义的斗争。五四运动提出的“外争主权，内除国贼”的基本口号，第一次把反帝、反封建的任务紧密结合在一起，整个过程始终贯穿着“爱国、进步、民主、科学”的精神。

习近平强调，“当代中国，爱国主义的本质就是坚持爱国和爱党、爱社会主义高度统一”，“新时代中国青年要听党话、跟党走，胸怀忧国忧民之心、爱国爱民之情，不断奉献祖国、奉献人民，以一生的真情投入、一辈子的顽强奋斗来体现爱国主义情怀，让爱国主义的伟大旗帜始终在心中高高飘扬！”[①]对党员领导干部而言，就是要厚植家国情怀，把小我的出彩汇入实现国家富强、民族振兴、人民幸福的历史洪流之中。要有维护祖国统一、反对民族分裂的自觉，有捍卫祖国领土完整的担当。要深刻认识中国特色社会主义最本质的特征是中国共产党领导，只有中国特色社会主义才能发展中国。

二、进步精神

进步意味着不断进取、开拓创新、永远向上。不进步，就意味着落后。进步对于青年群体的人生发展来说至关重要。五四运动是由追求思想进步的青年发起和参与的一场群众性革命运动，以全民族的行

---

① 习近平：《在纪念五四运动100周年大会上的讲话》，《人民日报》2019年5月1日第2版。

动激发了追求真理、追求进步的伟大觉醒。

进步精神首先鲜明地体现在五四运动中青年学生对先进思想和科学思潮的宣扬。辛亥革命失败，袁世凯复辟帝制，北洋军阀推行尊孔复古逆流，激起了社会进步人士的强烈反对。陈独秀在上海创办的《青年杂志》（后改名《新青年》），吹响了新文化运动的号角，促进了人们的思想大解放，被称为“中国的文艺复兴和启蒙运动”，对启迪民智起了极大的作用。

“五四运动前后，我国一批先进知识分子和革命青年，在追求真理中传播新思想新文化，勇于打破封建思想的桎梏，猛烈冲击了几千年来的封建旧礼教、旧道德、旧思想、旧文化。”[①]新文化运动是资产阶级民主主义的新文化反对封建主义的旧文化的斗争，有力动摇了封建正统思想的统治地位，打开了遏制新思想涌流的闸门，掀起了一股思想解放的潮流。

进步精神还体现在十月革命后马克思主义逐渐成为知识分子和青年学生追求的进步思潮。十月革命的胜利，开辟了人类历史的新纪元，使马克思主义传遍全世界，极大鼓舞了中国人民的反帝反封建斗争。在此影响下，中国知识分子中逐渐产生了一批赞成十月革命、主张走俄国道路的具有初步共产主义思想的知识分子，这是中国社会中的新的进步因素。五四运动正是受此影响而成为全国性的群众爱国运动，为中国共产党的建立做了思想准备。

时代呼唤担当，民族振兴是青年的责任。新时代中国青年既是全面建成小康社会、加快建设社会主义现代化国家、实现中华民族伟大复兴中国梦的见证者，更是参与者，应责无旁贷地担当起新时代的历史使命。新时代是奋斗者的时代，只有奋斗才能实现民族复兴的伟大梦想，只有奋斗才能实现人生出彩，只有奋斗才能与新时代同频共振。

---

① 习近平：《在纪念五四运动100周年大会上的讲话》，《人民日报》2019年5月1日第2版。

三、民主精神

中国共产党成立后，就把实现民主作为奋斗的目标之一。人民是历史的主体，是历史的创造者，是推动社会历史前进的根本力量。而民主是体现人民主体地位的基本形式和内在要求。关于民主精神的理解，人们各持己见，但民主精神是各个政党和国家政权合法性的重要来源。

陈独秀、李大钊等在新文化运动时期，率先扛起“德先生（民主）”的大旗，首先提出了“人权”的口号，对一代又一代中国人产生了重要影响。在民主思想的引领下，一大批知识分子开始鞭挞中国落后传统文化，批判封建社会的各种弊端，对当时的封建统治进行了有力的批判。

与此同时，在北京大学校园里，也进行着一场深刻的变革。蔡元培校长实行“思想自由”“兼容并包”的方针，一批学有专长并具有民主主义思想的学者被请来执教，北京大学成为新文化运动的阵地。许多青年学生成为新文化运动的拥护者和参与者。

五四运动中倡导的“民主”是指资产阶级的民主思想和民主制度，并要求仿效法兰西资产阶级革命，实现中国的共和。在新文化运动倡导者看来，“民主”在政治上体现为拥护共和政体，反对封建专制和军阀独裁，反对为专制政治服务的封建旧伦理、旧道德；在思想上则体现为以独立、自由和平等为原则，保障人民的民主权利，提倡个性解放、平等自由，使人成为自主、自由的人。倡导民主思想切中中国社会和思想界的时弊，引导人们认清了封建君主专制的反动与虚伪，并以科学和理性来判断一切。

新时代发扬民主精神，要深刻认识中国特色社会主义民主的优越性。中国的人民代表大会制度、中国共产党领导的多党合作和政治协商制度、民族区域自治制度等，以及相应的民主选举、民主管理、民主决策、民主监督、民主协商制度，有效保障人民享有更加广泛、更加充分的权利和自由。中国特色社会主义民主能够最大限度地凝聚共识，画出最大同心圆，是在中华民族从站起来、富起来到强起来的奋斗实践中逐步形成的，是符合中国国情和需要的民主[①]。

四、科学精神

科学精神是科学的灵魂，以求实和创新为核心诉求，具有极其丰富的内涵，主要包括理性信念、实证方法、批判态度、试错模式[②]。

马克思主义作为解放无产阶级和全人类的科学，是科学的理论学说，十月革命助推了马克思主义在中国的广泛传播。陈独秀、李大钊等率先扛起“赛先生（科学）”的大旗，给世人带来思想的大解放，影响了一代代中国人。

新文化运动所提倡的“科学”，不仅指具体的科学技术、科学知识，同时主张以科学的态度对待传统观念和一切社会问题，提倡客观地看待事物，反对迷信、盲从和武断，树立起积极、进取和科学的精神，宣传进化论、唯物论和无神论，具有更广泛和更深刻的意义。人们开始强调要用“科学”的尺度衡量世界一切事物，崇尚理性，反对迷信和愚昧，认为只有具备“科学精神”的“一尊理性”，国人才能摆脱“无常识之思维、无理由之信仰”的束缚，成为新鲜活泼的一代新人。

科学精神的传播在一定程度上推进了中国现代民主的发展，促进了科学知识、科学方法的宣传，开创了中国学术研究和科学发展的新局面，对当时中国思想文化、科技事业的发展产生了深远影响。

习近平在纪念五四运动100周年大会上的重要讲话中指出，五四运动以全民族的行动激发了追求真理、追求进步的伟大觉醒。百年来，中华民族经历了从科学救国、科教兴国到科技强国的历程，迎来了从站起来、富起来到强起来的伟大飞跃，科学技术的快速发展为中

① 闫利春：《深入理解五四精神的内涵和时代价值》，《经济日报》2019年5月6日第12版。

② 刘大椿：《论科学精神》，《求是》2019年第9期。

国经济社会发展带来前所未有的福祉，对科学和科学精神的认识也达到了新的更高境界。思想是行动的先导，在新时代推动科技创新、建设科技强国，就必须大力倡导和弘扬科学精神，这也是对五四精神的实际继承和弘扬。

“爱国、进步、民主、科学”的五四精神，是中华民族赖以生存和发展的精神财富，是中华民族生生不息、团结奋斗的精神动力。新时代要发扬五四光荣传统，努力实现中华民族伟大复兴。继承和弘扬五四精神，就是要继承和弘扬以爱国主义为核心的民族精神和以改革创新为核心的时代精神，要坚持爱国主义和社会主义相结合，高举中国特色社会主义伟大旗帜不动摇。

第三节　抗战精神

中国人民的抗日战争持续时间之长、牺牲之巨、贡献之大、影响之远，为中外历史所罕见。在这场艰苦卓绝的抗战中，形成了伟大的抗战精神，这就是“天下兴亡、匹夫有责的爱国情怀，视死如归、宁死不屈的民族气节，不畏强暴、血战到底的英雄气概，百折不挠、坚忍不拔的必胜信念”①。抗战精神是在包括北平人民在内的全体中国人民顽强抗日的进程中形成的，是中华民族以爱国主义为核心的民族精神在抗日战争中的展现；中华民族的优秀文化是形成抗战精神的文化沃土②。在内忧外患中诞生和成长起来的中国共产党，在抗日战争中，成为坚持抗战的中流砥柱。可以说，“中国共产党的中流砥柱作用是中国人民抗日战争的关键。中国共产党的中流砥柱作用，铸就了中国人民伟大的抗战精神”③。

一、天下兴亡、匹夫有责的爱国情怀

天下兴亡、匹夫有责的爱国情怀意指“国家兴盛或衰亡，每个普通的人都有责任”，是人们对祖国的一种深厚情感，是愿意为祖国奋斗献身的价值取向。从“路漫漫其修远兮，吾将上下而求索”的屈原，到“人生自古谁无死，留取丹心照汗青”的文天祥；从“我自横刀向天笑，去留肝胆两昆仑”的谭嗣同，到一二·九运动中发出“华北之大，已经安放不得一张平静的书桌了”的北平爱国学生蒋南翔，这种强烈的爱国情怀绵延传承。

抗日战争时期，中华民族到了最危险的时候。面对亡国灭种的危

① 习近平：《在纪念中国人民抗日战争暨世界反法西斯战争胜利69周年座谈会上的讲话》，《人民日报》2014年9月4日第1版。

② 王炳林：《初心——重读革命精神》，人民出版社2018年版，第110页。

③ 李佑新：《抗战精神》，中共党史出版社2017年版，第27页。

险，中国人民迅猛觉醒，爱国热情空前高涨，凝聚力、战斗力空前提升，形成了万众一心、同仇敌忾、一致御敌、同赴国难、团结抗战的局面，全国上下用血肉筑起一座抵御日本侵略者的长城，“天下兴亡，匹夫有责”成为时代最强音。北平人民以及全体中华儿女汇聚起气势磅礴的力量，抱定“万众一心，冒着敌人的炮火前进”的决心，展现了浓厚的爱国情怀。

中国共产党率先举起武装抗日的旗帜，唤起了全民族的危亡意识。面对日本帝国主义企图吞并中国的空前民族危机，以及中日之间民族矛盾不断激化，中国人民的爱国热情像火山一样迸发出来。

北平地下党组织收到党中央提出的“停止内战，一致抗日”主张后，立即用各种方法进行传播。一些进步人士和青年学生积极响应，在地下党的组织下，“北平文化界救亡会”“华北救亡会”“华北民众救亡同盟”等群众救亡组织相继成立，并决定发动青年学生示威游行，以挽救危局。经过北平地下党的深入发动和精心组织，北平青年学生的爱国热情和意志凝结成了一股强大的力量。一二·九运动就是在这样的背景下发生的。北平学生举行了大规模的请愿示威游行。不久之后，北平学生的爱国行动得到全国各地的响应。

一二·九运动中北平各界人民群众的抗战热情异常高涨。一二·九运动后，北平的学生、妇女、文化、工、农、商等各民众救亡团体纷纷成立。卢沟桥事变爆发后，北平地下党组织立即行动，及时成立了抗敌后援会。通过抗敌后援会积极组织了战地慰问、服务等支援抗战的工作。北平地区各抗日根据地在进行武装斗争的同时，还根据晋察冀军区的指示，动员了党政军各方面的力量开展政治攻势，通过口头宣传、座谈会、传单、标语、歌咏、小型演出及堡垒喊话等形式，积极开展宣传战。武装斗争与宣传斗争密切结合，收到了很大成效，鼓舞和教育了人民，瓦解了日伪军。

北平民众坚持为抗日根据地输送急需物资，为反抗日伪统治做出重要贡献。他们当中有商人、店员、车行老板、赶车把式、脚夫、小商贩等。购运的物资有文具、纸张、印刷用具、布、线、药品、电池、蜡烛、肥皂、碱、硫黄、火柴、颜料、油墨、鞋、缝纫机、电石、废铁、车轴等。为满足根据地的需要，日伪军越是封锁盘查，北平市民越要加紧购运。有的供给商人或购运人员不幸被捕，其他人明知他们犯的是“通敌”罪，却仍冒死营救。北平市民以自己的实际行动展现了顽强的抗战精神。

总之，在长达14年的抗战中，包括北平人民在内的全国抗日军民同仇敌忾，不畏强暴，浴血奋战，付出了巨大的牺牲，在世界反法西斯力量的支持下，终于打败了日本侵略者，洗雪了近代以来的民族耻辱，为中国的独立和解放奠定了基础。新时代传承和发扬天下兴亡、匹夫有责的爱国情怀，就要积极践行爱国的核心价值观，践行爱国主义精神，自觉将个人理想与祖国命运、个人前途与国家发展、个人利益与国家利益紧密相连，在探索中华民族伟大复兴中国梦的伟大实践中奉献自己的智慧和力量。

二、视死如归、宁死不屈的民族气节

民族气节是一个民族的人格化特征，是决定一个民族存续的精神品质，是为了维护国家和民族尊严而永不屈服的精神品质和高尚追求。中华民族五千年间历经沉浮却始终薪火相传，绵亘其中的正是这种宝贵的精神品质。视死如归、宁死不屈的民族气节是伟大抗战精神的重要组成部分，它使中华民族历劫不灭，并由此开启伟大复兴的历史转折。

抗日战争是民族存亡之战。在“中华民族到了最危险的时候”，是坚决抗争还是屈膝投降，成为摆在一切阶级、阶层、政党和军事集团乃至每一个人面前的严峻考验。抗战时期，面对日本军国主义的疯狂侵略，无数中华儿女奋起抗争、前仆后继，用生命和鲜血谱写了惊天地泣鬼神的壮丽史诗，涌现出血洒抗日疆场的赵登禹、佟鳞阁、张自忠，卢沟抗日先锋何基沣，宛平抗日县长魏国元，平郊抗日先锋邓华，开辟抗日走廊的宋时轮，旌指平西的儒将萧克，从北平学运领袖到华北抗联司令的董毓华，有神奇“小白龙”之称的白乙化，“剑吼长城东”的包森，拒当伪县长的沈爽，焦庄户抗日老村长马福，坚强的英雄母亲邓玉芬，创作《没有共产党就没有新中国》这一经典红歌的曹火星，以及老帽山六烈士等为代表的一大批抗日英烈和英雄集体，他们的壮举表现出了视死如归、宁死不屈的高尚气节。

抗日战争是艰苦卓绝之战。在空前惨烈的抗日战争中，无论是高级将领还是普通士兵，无论是军人还是老百姓，无论是正面战场还是敌后战场，包括北平人民在内的全国人民同仇敌忾、同赴国难，奏响了气壮山河的英雄凯歌，所彰显的视死如归、宁死不屈的民族气节永远激励着人们。北平人民是英勇的人民，他们经受住了残酷斗争的考验，也付出了巨大的牺牲。仅据房山、延庆、平谷、密云、门头沟5个区的不完全统计，在抗战中就至少有15000多名干部和群众牺牲。在平西、平北、冀东，英勇牺牲或因劳累过度而英年早逝的军队和地方县团级以上干部不下数百名。

北平人民秉持视死如归、宁死不屈的民族气节，谱写出壮丽辉煌的反侵略战争的胜利史诗。也正是这场战争，锻炼了北平人民，空前地促进了北平人民的觉醒和团结，使北平人民认识到，只有中国共产党及其领导的人民军队，才能拯救中国，使人民获得解放[①]。在今天，民族气节是积极进取、锐意改革、勇往直前的改革坚定者的高尚品格。中国正在进行一场全面深化改革的革命，在此背景下，需要继承和发扬中华民族的民族气节，续写出中华民族新的壮丽史诗。

三、不畏强暴、血战到底的英雄气概

英雄，代表着一个国家最巍峨的精神丰碑，传承着一个民族最伟大的精神魂魄。中华民族是英雄辈出的伟大民族，无数中华儿女为了

① 荣国章、孔宪东、赵晋：《北平人民八年抗战》，中国书店出版社1999年版，第261页。

民族大义，抛头颅、洒热血，毁家纾难。抗战期间形成的不畏强暴、血战到底的英雄气概，凝聚并升华了中华民族决死无畏的坚强意志，成为中华民族精神的显著特征。正是凭借这种坚如磐石的不屈意志，北平人民才能奋起抗争、众志成城。

在民族命运危亡之际，北平人民充分发扬中华民族坚如磐石的特有品格，顽强抗击，誓死不降。面对侵华日军的野蛮行径，全民族的危机意识空前觉醒。抗击侵略、救亡图存成为中国各党派、各民族、各阶级、各阶层、各团体的共同主张。在中国共产党倡导的以国共合作为基础的抗日民族统一战线、全面抗战路线以及持久战的战略方针指导下，北平人民以不畏强暴、血战到底的英雄气概，采取前方与后方，武装与非武装，军事与经济、文化密切结合等方式，投身到抗击日本侵略者的洪流之中。

为了抵抗日本帝国主义者的野蛮侵略、维护国家主权和领土完整，北平人民同全国各族人民一起，前赴后继，英勇奋斗，流血牺牲，进行了不屈不挠的斗争。其中，有成千上万的优秀儿女参加了平西、平北、冀东八路军和地方抗日武装。他们驰骋沙场，英勇杀敌。他们有的为国捐躯，有的立功受奖，有的成长为军政指挥员或地方领导干部。在艰苦的战斗岁月里，北平人民与八路军生死与共，并肩战斗，为了支持抗战，保护八路军和抗日干部，不惜献出自己的家园、财产、亲人甚至生命，涌现出一大批不怕苦、不怕死的支前模范，谱写了许许多多可歌可泣的英雄篇章。

战斗在北平的中共地下组织，认真执行党的抗日民族统一战线政策，进行了卓有成效的工作。战斗在这条战线上的中共党员和党外人士，立场坚定，爱憎分明，勇敢机智，不畏艰险，不怕牺牲，为抗日战争的胜利做出了重要贡献。

在今天，英雄气概是不怕苦、不怕累、拒利诱、保清廉、敢于担当、敢于闯关的气魄。新时代推进全面深化改革，要靠具有英雄气概的开拓者来推动。

四、百折不挠、坚忍不拔的必胜信念

百折不挠、坚忍不拔历来是中华民族的优秀品格，是中国人民抵御各种艰难险阻的精神武器。当日本帝国主义的铁蹄践踏北平的时候，正是在这种必胜信念的鼓舞下，北平人民没有畏惧，更没有退缩，而是抱着必胜信念，义无反顾地走上抗日救亡战场，并坚强地挺直脊梁、奋起反抗。

在日本侵略者大举进攻和重兵“扫荡”、敌后抗日根据地遇到严重破坏的情况下，北平军民坚持团结对敌、殊死抗战，反对投降、坚决抗战，克服困难、持久抗战。这种克服一切艰难险阻、百折不挠、坚忍不拔的英勇奋斗精神，充分展示了中国人民坚信抗战必然取得最后胜利的信念。

百折不挠、坚忍不拔的必胜信念，不仅要秉持自强不息、反对投降、抗战到底的顽强意志，而且要在抗日民族统一战线内部坚决反对分裂活动并坚持团结抗战方针。同时，要坚持抗日民族统一战线中的独立自主原则，放手发展抗日人民武装，广泛开展抗日游击战争。冀热察区党委和挺进军依据当时平西、平北、冀东武装抗日斗争形势，以及党中央对开展华北敌后抗日斗争的总要求，明确提出把“巩固平西、坚持冀东、开辟平北”作为挺进军的战略任务，并把它概括为“三位一体”。这一战略方针，从政治思想上和军事战略上武装了冀热察地区广大抗日军民。

百折不挠、坚忍不拔的必胜信念还表现为北平抗日军民同舟共济战胜经济困难。为扭转抗战期间平郊经济困难的局面，平郊各抗日根据地从当地的实际情况出发，认真开展了精兵简政、整风运动和大生产运动。八路军组成若干精干的武工队和小分队，深入敌后与当地干部群众相配合，恢复和发展游击根据地。平郊根据地军民生死与共，陷敌于人民战争的汪洋大海之中。

百折不挠、坚忍不拔的必胜信念历来是中华民族的优秀品质，是北平人民英勇抗战的有力精神武器。正是在这种信念的鼓舞下，中国人民同强大的敌人进行决死的战争并取得胜利，显示了蕴藏于民众之中的非凡力量。这种力量来自于中华民族生生不息的自强精神，来自于中华民族面对危难的坚忍不拔的精神。一个具有刚强坚忍精神的民族，是不会被任何困难所击倒的，更不会被任何势力所征服！在新时代，坚持和发展中国特色社会主义仍然需要坚定这种必胜信念，要把思想上的信心、意志上的决心、行动上的恒心结合起来，攻坚克难，不断创造新的奇迹和新的辉煌。

伟大的抗战塑造了伟大的抗战精神。新时代，抗战精神仍是中国共产党人弥足珍贵的精神财富。一方面，实现中华民族伟大复兴仍然需要弘扬抗战精神。甲午战争后，台湾被日本侵占，成为中华民族的剜心之痛。抗战胜利后，台湾光复，长达半个多世纪的民族耻辱得以洗刷。伟大的抗战精神是两岸同胞的共同记忆，弘扬抗战精神，有助于实现中华民族伟大复兴的共同目标。当前，我们比历史上任何时期都更接近、更有信心和能力实现中华民族伟大复兴的目标。行百里者半九十，实现这个目标还需要我们一代又一代中国共产党人为弘扬伟大抗战精神而不断奋斗。另一方面，构建人类命运共同体，需要科学把握和理解抗战精神。中日是一衣带水的邻邦，两国之间长期友好，符合两国人民的共同利益，有利于维护亚洲和世界的和平稳定。中国人民抗日战争是世界反法西斯战争的重要组成部分，是世界反法西斯战争的东方主战场，中国人民以长期抗击日本侵略者的英勇行动，为维护世界和平做出了重大贡献。和平、发展、公平、正义、民主、自由，是全人类共同的价值追求。当今世界，各国休戚与共、相互依存，所以，要秉承联合国宪章的宗旨和原则，构建以合作共赢为核心的新型国际关系，打造人类命运共同体，为实现人类的永久和平做出应有贡献。

第五章

北京红色文化的本质特点

作为中国红色文化的重要组成部分，北京红色文化是以马克思主义为指导的科学文化，是引领时代潮流的革命文化，是政治性与人民性相结合的先进文化，是包容开放的民族文化，是与时俱进的政治文化，彰显了中国共产党为中国人民谋幸福、为中华民族谋复兴的初心与使命。

第一节　以马克思主义为指导的科学文化

北京红色文化的萌芽与马克思主义在北京的广泛传播密不可分，并在马克思主义指导革命实践的过程中逐步形成和发展。可以说，北京红色文化内蕴着马克思主义的基因，是以马克思主义为指导的科学文化。

一、马克思主义宣传与传播催生北京红色文化

马克思主义在中国的广泛传播，是在十月革命和五四运动以后。十月革命一声炮响，让苦苦寻求救国救民道路的中国人看到了新的曙光。十月革命开辟了人类探索社会主义道路的新时代。李大钊正是在充分认识到十月革命伟大意义的基础上，开始广泛宣传和传播马克思主义的。

李大钊是中国第一个系统传播马克思主义并主张向俄国十月革命学习的先进分子。他指出，“一九一七年的俄国革命，是二十世纪中世界革命的先声”①，马克思主义则是“二十世纪世界革命的新信条”②，十月革命“是社会主义的胜利，是Bolshevism的胜利，是赤旗的胜利，是世界劳工阶级的胜利，是二十世纪新潮流的胜利”③。

五四运动后，李大钊发表了《我的马克思主义观》，这篇文章是在中国报刊上较早系统阐述马克思主义的唯物史观、政治经济学和社会主义理论的经典文献，也是他从革命民主主义者转变为马克思主义者的一个标志。文章开宗明义指出了研究、宣传马克思主义的目的和意义。“自俄国革命以来，‘马克思主义’几有风靡世界的势子，德奥匈诸国的社会革命相继而起，也都是奉‘马克思主义’为正宗。

① 《李大钊全集》（第二卷），人民出版社2006年版，第256页。
② 《李大钊全集》（第二卷），人民出版社2006年版，第260页。
③ 《李大钊文集》（第2卷），人民出版社1999年版，第242页。

‘马克思主义’既然随着这世界的大变动，惹动了世人的注意，自然也招了很多的误解。我们对于‘马克思主义’的研究，虽然极其贫弱，而自一九一八年马克思诞生百年纪念以来，各国学者研究他的兴味复活，批评介绍他的很多。我们把这些零碎的资料，稍加整理，乘本志出‘马克思研究号’的机会，把他转介绍于读者，使这为世界改造原动的学说，在我们的思辨中，有点正确的解释，吾信这也不是绝无裨益的事。”①李大钊还在文章中系统、全面地介绍了马克思主义的3个组成部分，他认为：“马氏社会主义的理论，可大别为三部：一为关于过去的理论，就是他的历史论，也称社会组织进化论；二为关于现在的理论，就是他的经济论，也称资本主义的经济论；三为关于将来的理论，就是他的政策论，也称社会主义运动论，就是社会民主主义。”②这3个组成部分就是我们今天所说的马克思主义哲学、政治经济学和科学社会主义。马克思主义在中国的传播，为中国早期马克思主义者的形成创造了条件，也为北京红色文化的孕育发展奠定了基础。

经过五四运动的洗礼，一批具有初步共产主义思想的知识分子在北京成立了马克思学说研究会等进步社团，并到工人群众中去宣传马克思主义，为北京共产党小组的成立在组织上和干部上做了必要的准备。李大钊创建北京共产党小组后，共产党小组成员有组织地深入到各地，发动和组织工人，向工人宣传马克思主义，从思想上武装了中国工人阶级。

五四运动前后，《新青年》《每周评论》等一批报刊纷纷发表宣传马克思主义的文章。据统计，五四时期在报刊上发表的介绍马克思主义的文章多达200多篇，其中很大一部分是马克思、恩格斯著作的译文③。这样集中地介绍国外的一些思想理论，在中国近代报刊史上

① 《李大钊文集》(第3卷)，人民出版社1999年版，第15—16页。

② 《李大钊全集》(第三卷)，人民出版社2006年版，第18页。

③ 中共中央党史研究室：《中国共产党历史》(第一卷)(1921—1949)(上册)，中共党史出版社2011年版，第47页。

是罕见的。在马克思主义传播的过程中，北京成为当时中国宣传马克思主义的两大中心之一[①]。而且，当时中国的先进分子传播马克思主义的一个鲜明特点就是“他们传播的主要目的不是单纯为探求学理，不是在玩弄新的辞藻，而是为了正确认识社会发展的规律，认识资本主义制度的本质，为担负起改造中国的历史使命在寻求和掌握革命的科学理论”[②]。马克思主义的广泛传播，如春雨般浇灌并滋养着北京，北京红色文化也在这一历史过程中萌芽了。

二、马克思主义中国化孕育北京红色文化

自马克思主义传入中国之日起，无产阶级革命者就面临着如何将马克思主义与中国国情和具体革命实际结合起来这一课题。而马克思主义在中国的实现程度，首先要取决于其满足中国社会变革对理论需求的程度，它既要满足中国历史发展的特殊需求，又要符合中国革命的实际。可见，马克思主义作为一种理论，在与中国革命实际相结合的过程中，必须内化为一种既是世界的又是民族的新文化，并且这种文化张力的任何一个维度都必须与中国的具体国情紧密相连，也就是说，要根据中国的实际情况和时代环境来运用马克思主义。

1921年7月，中国共产党成立。从成立之日起，中国共产党就是一个以马克思主义为指导思想的政党。有了马克思主义的指导，并不意味着中国革命所面临的一切问题都能够得到解决。只有将马克思主义的基本原理与中国的社会历史、时代特征和具体的革命实际结合起来，即实现马克思主义中国化，才能充分发挥马克思主义的指导作用。那么，什么是马克思主义中国化呢？在党的六届六中全会上，毛

① 在马克思主义传播的过程中，中国南北方各形成了一个宣传马克思主义的中心。北方是北京，南方是上海。中共中央党史研究室：《中国共产党历史》（第一卷）（1921—1949）（上册），中共党史出版社2011年版，第47页。

② 中共中央党史研究室：《中国共产党历史》（第一卷）（1921—1949）（上册），中共党史出版社2011年版，第48—49页。

泽东强调："马克思主义必须和中国的具体特点相结合，并通过一定的民族形式才能实现"；"对于中国共产党说来，就是要学会把马克思列宁主义的理论应用于中国的具体的环境"；"离开中国特点来谈马克思主义，只是抽象的空洞的马克思主义。因此，使马克思主义在中国具体化，使之在其每一表现中带着必须有的中国的特性"；"洋八股必须废止，空洞抽象的调头必须少唱，教条主义必须休息，而代之以新鲜活泼的、为中国老百姓所喜闻乐见的中国作风和中国气派"[①]。从这些论述中，毛泽东高举马克思主义中国化的旗帜，坚持把马克思主义与中国国情相结合，强调马克思主义中国化就是将马克思主义的基本原理与中国具体实际相结合，不断形成具有中国特色的马克思主义理论成果的过程。这一过程既是坚持马克思主义的过程，又是丰富和发展马克思主义的过程。从一定意义上来说，北京红色文化的孕育、形成和发展过程与马克思主义中国化的过程相伴相随。

中共北京地方委员会成立后，加强了对北京党团组织的建设和领导，并在知识分子和工人中培养和吸收先进分子入党，尤其注重在产业工人中发展党员。开展讨论、研究和讲演等活动，并宣传马克思主义、宣传党团的主张，扩大党团影响，揭露帝国主义和军阀政府的黑暗。

北京共产党人努力运用马克思主义来观察和解决中国革命的基本问题。党的二大依据马克思的学说和列宁关于民族和殖民地问题的思想，分析了国际形势和中国社会的实际状况，确定了中国革命现阶段的奋斗目标和最终奋斗目标，即党的最低纲领和最高纲领。

此外，在有关中国革命基本问题的认识方面，正确认识和明确了中国革命是世界无产阶级社会主义革命的重要的一部分，中国革命必须首先进行资产阶级性质的革命即国民革命，无产阶级不仅要参加国民革命而且要争取对国民革命的领导权，农民问题是国民革命的中心问题，无产阶级要同资产阶级民主派结成反帝反封建的民族民主革命

① 《毛泽东选集》（第二卷），人民出版社1991年版，第534页。

联合战线，中国革命的前途是非资本主义的，等等。这一系列探索和实践过程体现了北京党组织运用马克思主义指导中国革命的理论自觉，成为北京红色文化形成发展的主线。

第二节 引领时代潮流的革命文化

北京红色文化形成于救亡图存、从苦难到辉煌的革命历程中，凝聚着无数革命前辈的鲜血和智慧，体现了共产党人的革命精神，是鼓舞一代代中国人奋力前行的精神动力，是滋养中国共产党人不忘初心、继续前进的力量源泉。

一、英勇抗争、维护民族利益的革命文化

中国共产党成立后，北京党组织立即集中力量，组织和领导了北方地区的工人运动。1922年6月，长辛店工人俱乐部根据工人的迫切需求，向北京铁路局提出增加工资等8项要求。8月，在邓中夏的领导下，工人俱乐部组织3000多名工人罢工，迫使京汉铁路当局接受工人的要求。这次罢工的胜利，极大鼓舞了工人的斗志，带动了北方各条铁路干线的工人运动。1923年2月，为反抗军阀吴佩孚对成立总工会的武力破坏，京汉铁路总工会号召全路工人举行罢工，并成立总罢工委员会，统一指挥罢工行动。共产党员史文彬被推举为总罢工委员会副委员长，吴汝铭等被推举为长辛店罢工负责人。但是，在帝国主义的操纵下，吴佩孚对京汉铁路工人的罢工运动进行了残酷镇压。2月6日，史文彬、吴汝铭等11人在长辛店被捕。2月7日晨，驻长辛店军警向要求释放工会领导人的罢工工人开枪，造成30余人伤亡、32人被捕的惨剧。同时，汉口江岸、郑州等地的罢工运动也遭到军警的血腥镇压，酿成震惊中外的二七惨案。京汉铁路工人罢工虽然失败了，但是这场由中国共产党领导的有组织的斗争充分彰显了中国工人阶级的力量，扩大了中国共产党的政治影响。同时，也使成立不久的中国共产党认清了中国革命斗争的艰巨性，加速了以国共合作为基础的反帝反封建革命统一战线的形成。

1926年3月初，日本帝国主义挑起大沽口事件，并联合英、美等

京汉路长辛店铁路工人会成立后，工友们在火车头前留影

8国向中国政府提出撤除天津、大沽口防务的“最后通牒”，激起中国人民的极大愤慨。面对帝国主义的侵略行径，北京人民奋起反抗。3月18日，中共北方区委组织各界群众一万多人在天安门前举行“反对八国最后通牒国民大会”，抗议日本军舰侵入大沽口、炮轰国民军的行为，声讨英、美、日等8国无理通牒中国的罪行。会后，群众结队前往段祺瑞执政府请愿，一路高呼“打倒帝国主义”“驳回八国无理通牒”“废除《辛丑条约》”等口号，并散发了大量传单。当游行队伍到达执政府门前时，遭到了反动军警的血腥屠杀，造成47人遇难、199人负伤、60余人失踪的三一八惨案。鲁迅把这一天称作“民国以来最黑暗的一天”。惨案发生后，北京各校纷纷罢课，为死难烈士举行追悼会，抨击段祺瑞政府残杀民众的罪行。1927年至1935年，北京（平）党组织遭到16次大破坏，其间有无数共产党人为革命理想献出了宝贵的生命，他们的鲜血无不流淌着革命文化和红色文化的基因。

二、抗日救亡、争取民族独立的革命文化

1931年，九一八事变爆发。在民族生死存亡的紧要关头，中国共产党及时发出了抗日救亡的呼声。在中国共产党的领导下，一场抗日救亡运动迅速展开。北平党组织根据中共中央的指示，对抗日救亡运动予以积极领导，并不断推动其向前发展。

随着日本帝国主义大肆入侵，在中华民族危机日益严重的情况下，中国共产党提出建立抗日民族统一战线、团结抗日、共同御敌的主张。北平党组织坚决贯彻执行中共中央的正确指示，纠正党内的“左”倾思想，在北平建立广泛的抗日民族统一战线，为全民族抗战做了政治上和思想上的动员。1935年12月9日，在北平市临时工作委员会的领导下，在黄敬、姚依林、郭明秋、宋黎等共产党员的组织和指挥下，北平学生举行声势浩大的游行示威。示威的学生高喊“反对冀察政务委员会成立”“反对华北自治”“停止内战，一致抗日”等口号。16日，北平大中学生1万余人再次走上街头，举行更大规模的抗日救亡示威。反动当局派军警对爱国学生进行镇压。在北平学生

一二·九运动中，清华大学学生在西直门外宣传抗日救亡

爱国运动的影响和推动下，全国各地民众纷纷行动起来，迅速形成席卷全国的抗日救亡运动。北平爆发的一二·九运动，极大地促进了中国人民的觉醒，推动了全国抗日救亡运动的蓬勃发展。在北平沦陷的8年间，中国共产党人不屈不挠，与日寇进行了殊死搏斗，为争取民族独立谱写了一曲可歌可泣的爱国主义壮歌。

三、顽强斗争、追求民主和平的革命文化

抗日战争胜利后，中国人民渴望实现和平民主，建设国家。然而，代表大地主、大资产阶级利益的国民党统治集团不顾人民的强烈愿望，在美帝国主义的支持下，抢夺胜利果实，企图把中国重新拉回到半殖民地半封建社会的老路，建立国民党的一党独裁统治。中国共产党代表最广大人民群众的根本利益，与国民党统治集团进行了尖锐复杂的斗争。解放战争时期，北平共产党人勇往直前，与国民党反动派进行了顽强的斗争。1946年6月，国民党当局撕毁停战协定，推翻政协决议，大规模进攻解放区，全面内战爆发。面对国民党军队的猖狂进攻，中共中央号召并领导各解放区军民奋起自卫，给国民党以沉重打击。同时，确定了放手发动群众、团结一切可以团结的力量、建立最广泛的人民民主统一战线、彻底孤立国民党反动集团的方针。9月，抗战时迁至昆明的北京大学、清华大学、中法大学和迁至成都的燕京大学一起迁回北平，这些学校中的地下党组织，根据转地不转党的原则，仍由中共南京局领导，被称为南系学委。返回北平时，南系学委有地下党党员50余人，外围组织民主青年同盟盟员150余人。南系与北系学委平行发展，密切合作，互相支持，共同推动北平学生运动的开展。两支铁流的汇合，为发展北平学生运动、开辟和平民主第二条战线提供了坚强的组织保证。

国民党当局为换取美援进行内战，与美国签订了一系列不平等协定和条约。在国民党政府的纵容下，驻华美军在中国横行无忌。1946年底，以“沈崇事件”为导火索，在北平首先爆发反美游行，继而迅

速在全国范围内形成抗议驻华美军暴行的群众运动。抗议美军暴行运动是一场反美反蒋的爱国民主运动。这场斗争，帮助人们认识了美国干涉中国的活动同蒋介石的独裁统治和内战政策之间的内在联系，有力推动了爱国民主运动的发展。

抗议驻华美军暴行的游行队伍在行进

国民党挑起全面内战后，国统区的经济危机和政治危机不断加深。国民党政府为了支付大量的军费开支，滥发纸币、加捐加税、抓丁征粮，造成国统区内通货膨胀、物价飞涨，人民生活水平持续下降，民不聊生。同时，国民党在统治区内实行严酷的专制独裁统治，在各大城市大肆搜捕进步人士，使广大人民群众面临着严重的生活困难和政治压迫。

在国民党统治下社会矛盾不断激化。1947年5月4日，上海学生举行反内战、反饥饿的示威游行，揭开了全国反饥饿、反内战、反迫害运动的序幕。在中共北平地下党南北系学委的领导下，清华大学、北京大学、北平师范学院、中法大学、铁道管理学院、朝阳学院、天津北洋大学等校的代表在北大沙滩广场召开紧急会议，成立了“华北学生反饥饿反内战联合会”，提出了9点要求，决定5月20日举行全市学生反饥饿、反内战的示威游行。5月20日，南北学生在南京、上海、北平、天津等地同时举行反饥饿、反内战大游行。北京游行队伍以北京大学的宣传卡车为先导，队前高扬着“华北学生北平区反饥饿、反内战、反迫害大游行”的巨幅横标。同学们在车上讲演、唱歌，并沿途散发大量宣传品，高呼“反饥饿”“反内战”“反迫害”等口号，许多市民主动加入到游行队伍中。这场大规模的学生爱国运动，使各阶层群众认清了国民党的真实面目，极大地激发了人民群众的反抗情绪，这标志着由抗暴运动开始的第二条战线正式形成。

1947年7月初，在北平地下党学委的领导下，华北学联召开了一系列会议，决定在北平发起助学运动。1947年暑假期间，由各大学代表和汇文、贝满等中学代表参加的助学筹备委员会成立，号召各校同学积极参加助学运动。北平广大青年学生拿着助学章和捐册上街募捐，同时开展话剧、音乐晚会等义演活动，取得了很好的成效。他们冲破国民党当局的重重压制，坚持将助学运动进行到底，共募捐5亿余元，解除了许多学生的失学危机。助学运动是一次合法的、具有广泛群众性的经济运动，又是一场揭露国民党反动统治的政治斗争，教育和团结了广大学生和市民，使国民党反动派在政治上陷入更加孤立的境地。此后，北平学生运动不断发展。1947年10月底，北平掀起抗议国民党杀害浙江大学学生自治会主席于子三的声援行动，先后与杭州、天津、南京、上海等城市的大中学生10万余人组织罢课和示威，抗议国民党当局的暴行，掀起了一场“反对非法逮捕、反对特务、反对屠杀青年”的反迫害斗争。

上述运动有力地反击了国民党疯狂镇压人民群众的暴行，是反迫害斗争的深入发展，有助于团结更多的学生和工人，进一步扩大了第二条战线的斗争，为全国解放创造了有利的条件。

第三节　政治性与人民性相结合的先进文化

北京红色文化萌发于马克思主义在中国早期的传播，从产生之日起就深深地打上了马克思主义的烙印。同时，北京红色文化也是在中国共产党领导北京地区革命斗争中形成和发展的，具有较强的政治性和人民性。

一、北京红色文化具有鲜明政治性

始终坚持中国共产党的领导、始终坚定地宣传党的路线方针政策、始终为党的中心工作服务，这既是北京红色文化的一个鲜明特点，更是北京红色文化的本质要求。

20世纪初叶，新文化运动率先在北京发起，中国早期激进的民主主义者冲破思想禁锢，开始传播进步文化和先进思想。一大批进步报刊纷纷在北京创办、出版，最具代表性的有《新青年》等。正是在这些进步报刊的启蒙下，一批具有初步共产主义思想的知识分子，在参加反帝反军阀的实际斗争中，一步一步地成长起来，为中国共产党早期组织在北京的创建准备了干部条件。

十月革命胜利后，尤其是五四运动爆发以后，宣传和传播马克思主义成为新文化运动的主流。这一时期北京的出版物，不仅数量大幅增加，而且在全国影响较大，最具代表性的有《少年中国》等。

中国共产党鲜明的政治立场，使得红色出版成为新民主主义革命时期北京出版业的一个重要组成部分。这一时期，尽管北京红色出版物的绝对数量不占优势，但是在全国范围内则有着重要的社会影响，在北京的革命斗争中发挥了重要作用，是中国共产党领导北京地区革命的重要武器。主要有抨击反动统治、声援爱国运动的《政治生活》《蒙古农民》《猛进》等；冲破文化“围剿”、宣传反蒋救亡的《北方红旗》《北平文化》《长城》等；点亮指路明灯、推动抗日斗争的《挺进报》《救国报》《黎明报》等；开辟第二条战线、迎接红色黎明的《人言周刊》《解放》《北大半月刊》等。北平和平解放后，北平市军事管制委员会的文化接管委员会新闻出版部创办了共产党的新闻出版机构，分别为：新华社北平分社、《人民日报》（北平版）、新华书店北平分店、《北平解放报》，这些新闻出版机构积极重塑出版体系，服务于人民政权。

北京的红色出版物在唤醒中国人民、推动中国革命的历史进程中发挥了宣传员、鼓动员和组织者的作用。新中国成立后，北京的出版机构构建了出版、印刷、发行三大体系，奠定了出版事业的基本格局，对中国出版事业的发展产生了深远的影响，也为北京成为全国文化中心奠定了基础。

北京红色文艺主要包括北京红色文学、北京红色电影、北京红色戏剧、北京红色音乐、北京红色美术、北京红色摄影、北京红色舞蹈、北京红色民间文艺等。它们在不同历史时期、从不同层面、以各种形式大力传播马克思主义、宣传党的路线方针政策、宣传党带领人民进行英勇奋斗的光辉历史、宣传党的光荣传统和优良作风，唤醒、教育和影响了广大人民群众。

纵观北京红色文化产生、形成和发展的历史，可以说，始终保持政治信仰不变、始终坚定政治立场不移、始终坚持政治方向不偏、始终以坚持党的领导为第一要旨，是北京红色文化政治性的突出表现。

二、北京红色文化始终坚持以人民为中心

始终坚持以人民为中心是北京红色文化的显著特征。中国共产党既是中国工人阶级的先锋队，同时也是中国人民和中华民族的先锋队。中国共产党从成立之日起，就把全心全意为人民服务作为唯一宗旨。“中国共产党人的初心和使命，就是为中国人民谋幸福，为中华民族谋复兴。这个初心和使命是激励中国共产党人不断前进的根本

动力。”[①]在领导中国革命、建设和改革的过程中，中国共产党始终把实现好、维护好和发展好最广大人民的根本利益作为一切工作的出发点和落脚点，始终与人民同呼吸、共命运、心连心，始终把人民对美好生活的向往作为奋斗目标。中国共产党的性质同样决定了在新时代党依然把依靠人民、为了人民、以人民为中心作为现代治理的价值追求。党的十九大报告指出：“全党必须牢记，为什么人的问题，是检验一个政党、一个政权性质的试金石。带领人民创造美好生活，是我们党始终不渝的奋斗目标。必须始终把人民利益摆在至高无上的地位，让改革发展成果更多更公平惠及全体人民，朝着实现全体人民共同富裕不断迈进。”[②]

在中国革命、建设和改革的伟大实践中，人民是决定党和国家前途命运的根本力量。中国共产党始终坚持辩证唯物主义和历史唯物主义世界观和方法论，尊重和坚持人民主体地位，始终以人民作为力量之源和执政之基，将全心全意为人民服务作为党的唯一宗旨。

中国的社会主义性质决定了文化建设必须始终坚持以人民为中心的工作导向，发挥人民的主体作用，做到文化发展为了人民、文化发展依靠人民、文化发展成果由人民共享。北京红色文化作为以马克思主义为指导的先进文化，其突出特征就是能够准确反映北京社会变革的历史进程，引导和鼓舞人民开拓前进；能够积极而有效地维护、代表和捍卫广大人民群众的根本利益，并不断地将这种利益具体化、形象化、精神化、高尚化，以达到升华崇高思想的目的，从而为人们构建出一种生机勃勃的文化氛围。

北京红色文化的上述特征充分体现了为人民服务、代表最广大人民群众根本利益的价值旨归。北京红色文艺作品多以工农兵为主要对象，以历史和革命、社会主义新女性、时代英雄等为题材，从社会的

① 习近平：《决胜全面建成小康社会夺取新时代中国特色社会主义伟大胜利》，人民出版社2017年版，第1页。

② 习近平：《决胜全面建成小康社会夺取新时代中国特色社会主义伟大胜利》，人民出版社2017年版，第44—45页。

不同角度展示了时代气息，体现了时代发展的主旋律。

1940年1月，毛泽东在《新民主主义论》中指出："民族的科学的大众的文化，就是人民大众反帝反封建的文化，就是新民主主义的文化，就是中华民族的新文化。"[①]1979年10月30日，邓小平《在中国文学艺术工作者第四次代表大会上的祝词》中指出："我们要在建设高度物质文明的同时，提高全民族的科学文化水平，发展高尚的丰富多彩的文化生活，建设高度的社会主义精神文明。"[②]2014年10月15日，习近平在文艺工作座谈会上强调："人民既是历史的创造者、也是历史的见证者，既是历史的'剧中人'、也是历史的'剧作者'。"[③]文艺要反映好人民心声，就要坚持为人民服务、为社会主义服务这个根本方向。"这是党对文艺战线提出的一项基本要求，也是决定我国文艺事业前途命运的关键。北京红色文化在产生、形成和发展的过程中，始终围绕如何解决好为什么人服务和如何服务的问题，始终代表了最广大人民群众的根本利益。

在中国共产党的领导下，北京红色文化的政治性与人民性从来就是一致的、统一的。一方面，北京红色文化的建设与弘扬，始终坚持正确的政治方向，始终坚持党管媒体、党管意识形态。另一方面，北京红色文化的建设与弘扬始终坚持人民性，坚持以人民为中心的工作导向，始终站在全体人民的立场上，把体现党的主张和反映人民的心声统一起来，真正做到让党放心、让人民满意。

---

① 《毛泽东选集》（第二卷），人民出版社1991年版，第708—709页。

② 《邓小平文选》（第二卷），人民出版社1994年版，第208页。

③ 《习近平主持召开文艺工作座谈会强调：坚持以人民为中心的创作导向，创作更多无愧于时代的优秀作品》，《人民日报》，2014年10月16日，第1版。

第四节 包容开放的民族文化

秉持包容开放精神的北京红色文化，以世界眼光和战略思维兼收并蓄、博采众长，这既是北京红色文化的精髓，也是北京红色文化的核心。北京红色文化在产生、形成和不断丰富发展的过程中，始终以其独特的地域性、鲜明的包容性和开放性、强大的亲和力和感召力呈现在世人面前，并为全国人民和世界人民所接受和尊重。北京红色文化所呈现的红色物态文化、红色制度文化、红色行为文化和红色心态文化，在全国乃至世界产生了深远的影响。同样，全国各地和世界其他国家的思想、艺术与典籍等也相继传入北京，使千年古都呈现出多元文化的绚丽景象。如果没有海纳百川，有容乃大的坦荡襟怀，就不可能有丰富多彩的北京文化，更难以形成源远流长、绵延千载的北京与世界各国友好交往的历史篇章。可以说，北京红色文化作为中国特色社会主义文化的重要组成部分，是在充分吸收中国优秀传统文化和世界各国文化精华的基础上积淀起来的，是包容开放的民族文化。

一、北京红色文化的地域性

北京红色文化具有鲜明的地域特征。北京作为古都，长期是中国最高权力机构的所在地，是全国的政治中心，人们的政治敏感性和政治觉悟相对较高，形成了关心政治、心系国家安危的社会心理。北京作为近代中国北方政治和文化的中心，高等学校荟萃，市民文化素质较高。北京作为马克思主义在中国最早传播地，新文化运动和五四运动的发源地，中国共产党的精神在这里深深地打下了烙印。

红色文化在不同地区表现为不同特质。在井冈山表现为敢为天下先的创新探索精神，在延安表现为艰苦奋斗的创业精神。北京的红色文化主要表现为：一是有着深厚的文化底蕴，这是在历史发展的进程中逐步形成的；二是有着鲜明的理论特色，对一些重大理论问题进行了艰辛的探索；三是在新时代的引领下影响范围广，有一定的深度。

二、北京红色文化的民族性

中华文化在形成和发展的过程中不断展现出中华民族的气节、性格和特征，逐渐形成中华民族代代传承的民族精神。北京红色文化继承和发扬了中华优秀传统文化的基因，具有鲜明的民族性。

一是北京红色文化彰显了中华民族精神。党的十六大报告指出："民族精神是一个民族赖以生存和发展的精神支撑。一个民族，没有振奋的精神和高尚的品格，不可能自立于世界民族之林。"[①]在中国共产党领导中国各族人民于北京地区进行革命、建设和改革的过程中，北京各族人民团结一致，表现了顽强不屈的革命精神和建设新北京的奋斗精神，展示了强大的民族凝聚力，并将继续为推动中华民族发展进步产生新的时代价值。

二是北京红色文化丰富了中国优秀传统文化。从文化的内涵来看，北京红色文化既有物质层面的，也有精神层面的；既有有形的，也有无形的；既有历史的，也有现实的。例如反映北京人民爱国进步、追求真理、敢为人先、勇于献身、视死如归、不畏强暴、威武不屈、百折不挠、顽强革命、勤劳勇敢、包容开放、无私奉献、奋发有为等精神，都源于中国优秀传统文化，但又有所超越。

三是北京红色文化记录了中华民族的近现代历史，"只有铭记历史，特别是铭记我们党领导人民创造的中国革命史，才能深刻了解过去、全面把握现在、正确创造未来"[②]。北京红色文化再现了中华民族自强不息的奋斗史，是对中国人民不畏艰难险阻、英勇反抗的革命历史的深刻记载。

---

① 《十六大以来党和国家重要文献选编》(上)，人民出版社2005年版，第31页。

② 胡锦涛：《坚持不懈地学习中国革命史　发扬光大党的光荣革命传统》，《人民日报》2006年7月26日第1版。

第五节　与时俱进的政治文化

中国共产党在领导全国各族人民进行革命、建设和改革的历史进程中，积累了丰富的红色资源，在改写中国历史的同时孕育了具有鲜明时代印记的红色文化，成为党内政治文化的重要组成部分。北京红色文化既反映了党的政治文化的本质和特征，也充分体现了与时俱进的特质。

一、北京红色文化反映了党的政治文化的本质与特征

中国共产党在革命、建设和改革的过程中形成了独特的政治文化，服务于最广大人民群众是中国共产党政治文化的核心内容，也是其最本质的特征。这种政治文化起步于五四时期，形成于延安时期，发展于改革开放时期。

中国共产党的政治文化在不同时期表现出不同的特点，是一步步走向完善和成熟的。中国共产党的政治文化在不同的地域呈现出不同的特色。而北京的红色文化正是这个政治文化体系中一颗璀璨的明珠，鲜明地反映了中国共产党政治文化的本质和特征，体现了政治心理、政治行为和政治理论的系统性。

进入新时代，习近平总书记对北京工作发表了系列重要讲话，作出了一系列重要指示，成为指导北京工作的政治纲领和行动指南。习近平总书记对建设一个什么样的首都、怎样建设首都进行了顶层设计，为北京未来发展描绘了蓝图和愿景，明确了北京作为全国政治中心、文化中心、国际交往中心和科技创新中心的战略地位，以及建设国际一流的和谐宜居之都的奋斗目标。

北京应成为党和国家路线方针政策的模范实践者，习近平新时代中国特色社会主义思想的模范践行者，为坚持和发展中国特色社会主义提供经验；并从党和国家事业发展的高度来谋划北京发展，把服从

和服务国家大局作为重点，建设全国政治中心、文化中心、国际交往中心、科技创新中心和国际一流的和谐宜居之都，进一步彰显北京红色文化与党的政治文化的一致性。

二、北京红色文化凸显了改革开放的与时俱进性

北京红色文化随着中国改革开放的深入不断得到传承发展。北京作为政治文化的中心、改革开放的主要窗口、国际大都市，红色传统始终是一个鲜明的特色。

北京改革开放的历史进程，是北京红色文化不断与时俱进的历史进程。改革开放以来，中央陆续出台文化体制改革相关政策意见，开创了文化发展的崭新局面，中国特色社会主义文化不断焕发出青春活力。北京市坚持正确方向，不断深化文化体制改革，营造文化产业健康发展良好环境，分类推进国有文化单位改革，优化结构，激活文化生产力，开展具有北京特色的系列文化活动，创新文化精品创作机制，社会主义文化事业进一步繁荣，北京红色文化持续大发展。

伴随着改革开放的历史进程，北京市以“五讲四美三热爱”活动为肇始，深入开展系列文明创建活动：旗帜鲜明弘扬主旋律，繁荣发展社会主义文艺和哲学社会科学；擦亮历史文化“金名片”，日益彰显古都风貌和城市魅力；不断深化文化体制改革，文化创新和文化产业更趋活跃；逐渐完善现代公共文化服务体系，服务群众实效更加显著。

进入新时代，北京市坚决贯彻落实习近平总书记对北京工作重要讲话精神，紧扣中国梦，坚持以培育和践行社会主义核心价值观为引领，建设中国特色社会主义先进文化之都的步伐更加坚实，北京红色文化也随着新时代的旋律阔步向前。

结　语

北京作为近现代以来中国的重要政治舞台，饱经岁月磨难，历经沧桑巨变，在启蒙中觉醒，在觉醒中行动，汇聚成一场场波澜壮阔的革命潮流，上演了一幕幕感天动地的历史活剧。在这片热土上，红色资源丰富厚重，红色文化独具特色，红色精神弥足珍贵，值得我们永远铭记传承和发扬光大。

北京红色文化见证着中华民族的伟大觉醒。鸦片战争后，中国陷入半殖民地半封建社会的漫漫长夜，北京成为西方列强争夺的重点。一代代仁人志士前赴后继、奋起抗争，但都以失败而告终。新文化运动和五四运动，开启了破除封建专制禁锢的崭新之旅，促进了中华民族的思想觉醒；特别是马克思主义在中国的广泛传播，催生了中国共产党的成立，找到了民族解放的科学真理，指明了中国革命的前进航向。面对东北沦陷、华北危急，北平学生举行声势浩大的南下请愿示威和一二·九运动，唤醒了中国人民众志成城、抵御外侮的民族意识，标志着抗日救亡运动新高潮的到来。七七事变的枪声，把中华民族推向最危险的时刻，北平军民同仇敌忾、浴血奋战，与全国各族人民一道，奏响了一曲气壮山河、抗击日本侵略的英雄凯歌，拉开了全民族抗战的历史序幕，经过艰苦卓绝的斗争，最终赢得了抗日战争的伟大胜利。抗战胜利后，中国人民渴望和平、民主的新中国并没有如期而至，蒋介石集团继续推行独裁统治，悍然发动全面内战，北平学生从中华民族前途命运出发，掀起一场场反饥饿、反内战、反迫害等爱国民主运动，形成了反对国民党统治的第二条战线，有力加速了全国解放战争胜利的进程。无数事实说明，北京的觉醒与全国的觉醒紧密相连，北京的命运与中华民族的命运息息相关。

北京红色文化记录着中国革命的光辉历程。五四运动在这里爆发，标志着中国新民主主义革命的伟大开端；中国共产党在这里孕育，迎来了中国革命焕然一新的领路人；中华人民共和国在这里诞生，开辟了中国历史的新纪元；十一届三中全会在这里举行，踏上了中华民族伟大复兴的新征程。走进北大红楼遗址群、长辛店二七革命遗址群、香山革命遗址群等红色遗存，我们仿佛感受到中国共产党人的初心与使命；瞻仰人民英雄纪念碑、毛主席纪念堂、八宝山革命公墓等红色地标，我们仿佛目睹到革命先辈们坚贞不屈、赴汤蹈火的伟岸身躯；凝望天安门城楼、人民大会堂、全国政协礼堂等红色建筑，我们仿佛聆听到中华民族伟大复兴的铿锵脚步。放眼北京这块红色沃土，红色先驱引领时代，红色遗存星罗棋布，红色文物浩如烟海，红色作品异彩纷呈，彰显了北京红色文化的独特地位和时代价值，点缀了中国革命从胜利走向胜利的壮丽画卷。

北京红色文化蕴含着中国精神的活性基因。北京红色文化在中国优秀传统文化中滋生绵延，在马克思主义传播中不断升华，在中国革命斗争中绽放异彩，既践行着革命精神，又传承着民族精神。爱国是中华民族源远流长的优良传统，是中华民族生生不息的文化基因。在北京爆发的五四运动，以全民族的力量高举起爱国主义的伟大旗帜，以辛亥革命所不曾有的姿态展开了彻底的不妥协的反对帝国主义和封建主义的斗争，始终贯穿着“爱国、进步、民主、科学”的精神，铸就了伟大的五四精神。以七七事变为起点，点燃了全民族抗战的烽火狼烟，中国共产党以自己的正确主张和实际行动，成为抗日战争的中流砥柱，凝聚起抵御外侮、救亡图存的共同意志，引领着夺取抗战胜利的前进方向，形成了伟大的抗战精神。这些精神已经成为中华民族维护民族独立和民族尊严的宝贵精神财富，成为激励中国人民克服一切艰难险阻、为实现中华民族伟大复兴而奋斗的强大精神动力。

“问渠哪得清如许，为有源头活水来。”北京红色文化是中国革命文化的生动体现，更是中华民族精神的鲜明写照。我们深知，红色永远是中国共产党人坚守不变的靓丽底色，红色文化永远是面向美好未来不可或缺的精神食粮。品读这段熠熠生辉的光辉历史，我们依然心潮澎湃、豪情满怀；走进中华民族伟大复兴的新时代，我们更需初心不改、奋发蹈厉，不断做出更大贡献、创造更大辉煌。

后　记

根据全国文化中心建设领导小组总体部署，在中共北京市委宣传部统筹指导下，市委党史研究室组织编写了“红色文化丛书”。丛书由原中央党史研究室副主任李忠杰担任主编，市委党史研究室主任李良及副巡视员刘岳担任执行主编，副主任陈志楣、张恒彬及原副巡视员范登生、副巡视员运子微担任执行副主编。

为打造精品力作，邀请邵维正、柳建辉、关海庭、杨凤城、王树荫、黄如军、包国俊等著名党史军史专家学者组成丛书编委会，并下设刘岳及曹楠、宋传信、方东杰、黄迎风、高俊良、王桂环、祁霄等人组成的办公室。编委会负责制订方案、确定书目、遴选主编、审订大纲及书稿。办公室负责组织联络督办工作，出台书写规范、组织作者培训等。曹楠负责丛书协调工作，宋传信负责丛书图片统筹工作，骆洪刚负责部分图片修版工作。

《北京红色文化概述》是“红色文化丛书”之一，由北京理工大学马克思主义学院教授陈洪玲（第五章）、北京工业大学马克思主义学院刘锋（第一至四章）撰写，全书共5章20节。原中共中央党史研究室副主任李忠杰、国防大学联合勤务学院教授邵维正、北京大学教授关海庭审改第一稿。黄迎风承担该书联络工作并润色全书。黄迎风（第一章）、曹楠（第二章）、宋传信（第三章）、段丽欣（第四章）、王桂环（第五章）对涉及中国共产党历史的相关内容及部分文字进行了核实、修改。范登生改写导语、结语。原中央党史研究室研究员郑谦审定书稿。原中央党校副校长李君如，中央党校（国家行政学院）分管日常工作的副校（院）长何毅亭、副校长谢春涛，原中央党史研究室副主任龙新民等老领导、专家、学者对本书提出宝贵意见。北京出版社编辑对全书进行了严谨细致的编辑加工，在此一并表示衷心感谢。

由于时间仓促和水平有限，书中难免存在疏漏和不足之处，敬请广大读者批评指正。

中共北京市委党史研究室

2019年8月